アルク選書シリーズ

高校英語教科書を 2度使う!

山形スピークアウト方式

金谷 憲 編著

本書は、山形県立鶴岡中央高等学校で平成21年度以降の入学生を対象に実践されている学校設定科目を利用し、同じ教科書を2度使って英語力向上を目指す授業方式「Speak Out方式」の詳細とその成果をまとめたものである。
　各章の執筆には、同校へのSpeak Out方式の導入と指導に携わった金谷憲・東京学芸大学特任教授（第1章・第7章）、実践にあたった鶴岡中央高校外国語科教諭・研究主任・鈴木加奈子（第3章・第6章）、同校外国語科教諭・山科保子（第4章・第5章）があたった。

まえがき

　教科書は1度使われると、もう2度と授業で使われることはない。しかし、1度使っただけでそこに書かれていた英語を生徒たちは習ったと言えるのだろうか。身につけたと言えるだろうか。答えはNoだろう。

　英語を単に「理解する」だけでなく、「使える」ことが求められるこれからの英語教育において、生徒の頭に英語が残るようにすることは、英語授業の大きな目標になっている。それを実現するために、教科書をあえて2度使って、英語が使えるようにしようという取り組みが行われた。それが、本書で報告する山形県立鶴岡中央高等学校の取り組みである。

　鶴岡中央高校では、学校設定科目「Speak Out」を利用することによって、同じ教科書を2年にわたって使用し、教科書の英語が生徒の頭に残るようにした。そして、さまざまな発表活動をそれぞれのレッスンの最終目標とすることによって、生徒が英語を使えるようになることを目指した。

　詳細はお読みいただければ分かることだが、このような取り組みによって、生徒は英語を使うことへの自信を、学年を経るごとに深め、また、英語の成績そのものも、学年を経るごとに伸ばしていった。

　この取り組みは、Speak Outという学校設定科目の利用によるものだが、その根底にある思いは、先に述べたように、「教材を1度だけ使い、しかも理解の段階でとどめて次の教材に移ることの繰り返しでは、英語力は十分に伸びない」というものである。この考え方をぜひ全国の高校の先生方に知っていただき、それぞれ

の学校に適した方法で試していただきたい。このことが本書を編んだ理由である。

　高校では、生徒の中に英語を定着させるという発想が希薄だと私は感じている。高校では、教科書のほかに、いくつもの教材を与えることが当たり前になっている。いくつもの教材が生徒の中に残っていれば、それはそれでよいのだが、消化不良を起こしていることが少なくない。消化不良では、英語は身につかない。

　「何年も英語を習っているのに身につかない」とよく言われる日本の英語教育である。英語の必要性が差し迫って感じられない日本の現状では、英語をある程度高いレベルまで引き上げるのは、そう簡単な仕事ではない。そうであるからこそ、生徒に英語が身につく工夫を最大限していかなければならない。本書に記された鶴岡中央高校の取り組みは、そうした工夫の一つである。そして、大変有望な一つであると私は確信している。

　一人でも多くの方が、ここに書かれている取り組みの考え方に賛同され、ご自分の勤務校で同じような考えに基づく授業の工夫を始められることを切に願って、本書を高校の先生方に贈る。

2012年9月

金谷　憲

『高校英語教科書を2度使う！ 山形スピークアウト方式』目次

まえがき ─────────────────── 3

第1章　Speak Out方式とは

0. はじめに ──────────────────── 9
1. Speak Out 方式とは ──────────────── 9
2. なぜ、Speak Out 方式か ─────────────── 10
3. なぜ英語を使わせるか ─────────────── 14
4. 同じ教科書で飽きないか ────────────── 16
5. なぜ、2学年をまたぐのか ───────────── 17
6. 日本人の英語力を上げるために ─────────── 18

第2章　鶴岡中央高校の取り組み
　　　　─鶴岡中央高校英語教員座談会─

1. Speak Out の始まり ───────────────── 22
2. 時間の経過とともに生徒が変わった ────────── 31
3. 教師の意識や指導法も変わった ──────────── 40
4. 回転させることで向上する指導法 ─────────── 44
従来の英語授業のパラダイムを変えた Speak Out 方式 ─── 49

第3章　Speak Out方式のカリキュラム
　　　　〜何を繰り返す？〜

1. Speak Out 誕生まで ──────────────── 52
2. 英文を再生できる最終タスク ──────────── 60
3. Speak Out の1レッスンの構成 ─────────── 61

4. どのレッスンでどんな最終タスク？	65
5. 英文トピックの背景知識の増強	69
6. 2回目で飽きないか	70
7. レッスンプラン作成者	71
8. 指導形態・ペアの構成	72
9. 評価	72
10. Speak Out Ⅱ	73
11. 使用教科書と準備期間	74
12. Speak Out 導入にあたっての留意点	75
13. 英語学習に対する意識調査	77
14. スピーキングテスト	80
15. 他年次との比較テスト	87

第4章　Speak Out方式の進め方
〜どんな活動をする？〜

1. Speak Out の学習内容	89
2. 1レッスンの進め方・授業の流れ	89
3. 復習〜内容理解と定着のためには？〜	91
4. レッスンプランの詳細	92
5. 生徒が変化した時期〜「ガンガン書き始めた」のは、「表情が変わった」のはいつか〜	142
6. Oral Summary をうまく進めるには？	143

第5章　Speak Out方式の評価法
〜何を見る？〜

1. 何を評価するか	145
2. 評価規準の設定理由	147

3. 評価の実際 ──────────────────────── 152
4. 評価のための準備〜評価者間研修で目線合わせ〜 ───── 171
5. 段階的に力を伸ばすために ────────────── 173

第6章 Speak Out方式の効果
〜生徒の成績・反応〜

1. 生徒の学力について ───────────────── 177
2. 生徒はどう変わったか〜公開授業でのハプニング〜 ──── 194
3. 英語学習＝洋服ダンス ────────────────── 197
4. Speak Out で大学入試に対応できるか ─────────── 199
5. 教員の意識の変化➡生徒の意識の変化 ─────────── 205
6. 生徒の成長➡教員の成長
   〜３年間の研究を通して思うこと〜 ───────── 207

第7章 まとめ

1. Speak Out 方式とは〜おさらい〜 ───────────── 211
2. 分かったこと〜生徒について〜 ────────────── 212
3. 今後の課題 ───────────────────── 216
4. 分かったこと〜教師について〜 ────────────── 218
5. 迷信を打ち払おう〜結びに代えて〜 ─────────── 219

著者紹介 ─────────────────────── 223

第1章

Speak Out 方式とは

0. はじめに

　平成21年度より、山形県立鶴岡中央高等学校は、文部科学省の「英語教育改善のための調査研究事業」の委託指定を受けて、**学校設定科目を利用して、生徒の英語の発信力を向上させる**ことを目的として、3年間の計画を立ち上げた。

　その後不幸にして、文科省の事業としては、21年暮れの仕分け作業により、廃止されてしまったが、平成22年度から山形県の事業(「英語教育改善推進校」に指定)として継続され、文科省の事業としての初年度(平成21年度)を含めて、平成23年度末に3年計画を達成した。本書はその内容を全国の英語教師、英語教育関係者に報告するものである。

1. Speak Out 方式とは

　Speak Out方式とは、**学年をまたいで同じ教科書を2度使い、英語の定着を目指す授業方式**である。しかし、単に同じことを2度繰り返すのではない。**1年目は主にテキストの内容理解に費やし、2年目には理解した内容を用いて、英語による表現活動をする**ことをゴールに指導を行うという形式である。

　具体的には、英語Ⅰ、英語Ⅱの教科書の内容をそれぞれの次学年でもう一度学習するというものである。なお本書は、平成21年度から3年間、鶴岡中央高校で試行された授業方式の報告なの

で、平成24年度まで続いた学習指導要領に従っている。

高1で使った英語Ⅰの教科書を高2でも使い、高1の段階では理解にとどまっている教科書の内容を、高2では発表(表現)活動にまで発展させる。その際に高2では、**学校設定科目Speak Out Ⅰ**が、英語Ⅰの教科書の内容の復習から表現活動への発展の部分を担当する。

さらに、高2で使った英語Ⅱの教科書についても同じように、高3でまた使用し、高2で理解した内容を表現活動まで持っていく。このような授業方式である。高2同様、高3では、**学校設定科目Speak Out Ⅱ**が、高2の英語Ⅱでの学習を受けて、表現活動へと発展させる。

このような3年にわたる取り組みを、鶴岡中央高校では、平成21年度以降の入学生に対して行っている。

高校における英語授業改善への取り組みは、これまでも各地で行われてきているが、2学年にまたがって、同じ教科書を使い学習を繰り返す方式は行われてこなかった。2学年にまたがって学習を反復するという授業に対する考え方は、これから本書の中で報告する方式(Speak Out)以外でもさまざまに試してみる価値のある考え方であると我々は考える。そのため、ここで我々の試した方式について報告し、全国でも同じ考え方でさまざまな取り組みが行われることを願って本書を上梓したのである。

2. なぜ、Speak Out方式か

なぜ、このようなやり方で授業を行うのかというと、それは、生徒に英語を使わせるチャンスを多くあげたいからである。**英語が使える高校生になって卒業していってもらいたい**からである。

平成25年度から施行される高校の新しい学習指導要領では、

「英語を英語で教える」ということが話題になっている（学習指導要領　第2章　第8節　第3款　英語に関する各科目に供する内容等　4　英語に関する各科目については、その特質にかんがみ、生徒が英語に触れる機会を充実するとともに、授業を実際のコミュニケーションの場面とするため、授業は英語で行うことを基本とする）。英語を英語で教えるとは、英語の授業としては、至極当然のことである。しかし、**教師が単に英語で指導すれば済むという話ではない。生徒が英語を使う授業になって初めて、この方針の精神を生かすことになる。**

英語の授業である限りは、英語をふんだんに聞かせ、英語をふんだんに使わせたい、と英語教師なら思うはずである。しかし、この「ふんだんに使わせる」ということが、そう簡単ではない。このことも高校で教えたことのある教師なら同感してもらえると思う。なぜそれが難しいのか一緒に考えていただきたい。

英語授業の中で、新教材を教師が導入し（input）、その内容を生徒が英語で頭の中に蓄え（intake）、そして蓄えられた英語を駆使して自分の意見や考え方を表現する（output）までの3段階を経るには常識的に次のようなやり方があるだろう。

図1

図1のように50分授業の中で、導入した新しい内容を理解させ、頭に蓄えさせ、そしてそれを使うところまでをやらせるという方式である。このように50分を3つに分けて授業をするというのが最も常識的なやり方だろう。

しかし、各授業の中で小刻みにこの3つの過程すべてを扱うことが困難である場合があり得る。例えば、教材に使われている英語がかなり難しいとか、題材が生徒になじみの薄いもので背景などの説明に時間を要するなど、つまりはinputにかなりの時間を費やさなければならないという場合である。そうした場合は**50分授業の中で、input、intake、outputすべてを扱うことは難しい**。となると、すべてを50分以内に行うのをやめて、そのかわりに、2つ以上の授業にまたがってoutputまで持っていくという手も考えられる。例えば、次の図2のようにするのである。

図2

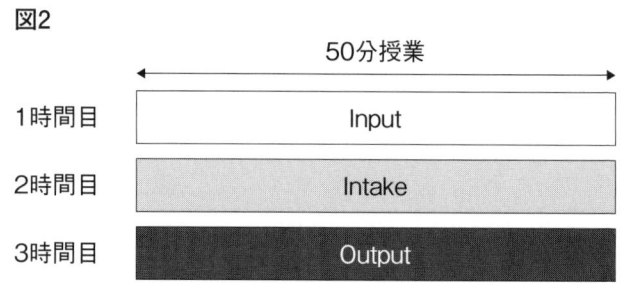

1時間目はもっぱらinputに使い、2時間目、3時間目はそれぞれintake、outputに使うわけである。そのようなやり方の1つの典型例は、平成13年全国英語教育研究団体連合会（全英連）高知大会で、高知県高校授業研究プロジェクト・チームが発表した和訳先渡し授業である。詳細は、『和訳先渡し授業の試み』（三省堂）、当日発表された授業を収めた『高校におけるリーディング指導「和訳先渡し」での授業展開』（DVD2枚組、ジャパンライム）を参照していただきたい。

図2では高知での実践に沿って、それぞれに1つの授業を当てるように書いてあるが、1時間ずつ割り当てなくてもよいわけで、

例えば、inputに3時間、intakeに3時間、outputに1時間、計7時間構成でもよいわけである。もちろん、他の時間配分も考えられる。

しかし、こうした常識的な工夫によって、授業でoutputまで持っていくことは高校ではそんなに簡単ではない。

理由は、教科書の難易度にある。高校では、**生徒の英語力に対して、難しめの教科書を採択する傾向**にある。これは多くの高校での授業が、テキストの解読（読解ではない）に費やされている証拠でもある。まるで暗号解読のような授業が展開されていることを示している。このように、解読が主な目的であるとすると、すぐに解読できてしまうようなテキストは授業に向かない。授業がすぐに終わってしまうからである。

しかし、「解読」を授業のゴールにせず、理解した英語を消化した上で「使うこと」をゴールとした授業では、難しめの教科書を使うと、教科書にあるテキストの内容理解で精いっぱいになってしまい、理解した英文を基礎として生徒に英語を使わせる段階に入るだけの時間がなくなってしまう。

本当は、読んだ内容を生徒自身、自分の英語で言い直してみるとか、内容についての自分の考えを英語で述べるとか、内容についての議論を英語でしてみるといった「英語を使う活動」を行わせたいのだが、その時間がない。

英語Ⅰ、英語Ⅱの教科書は基本的に訳読授業を想定して作られている。そして、6～8時間ぐらいをかけて1レッスンの内容理解を完了するようなペースが教科書の教師用Teacher's Manual（TM）でも設定されている。したがって、6～8時間かけても、内容理解（input）の段階で授業が終わっていることが多く、その先に行く授業ができない。それ以上の時間を1つのレッスンに費やすと、年間で教科書が終わらないことになってしまう。

時間がないのなら、他に時間を作って英語を使わせればよい。それを、Speak Out方式では、次の学年に時間を作るということにした。**前学年では、内容理解で終わっているものを次の学年では、軽く復習してから発表活動まで持っていくのである。**

3. なぜ英語を使わせるか

ここまで読んでこられた読者の中には、なぜそんなにintake、outputにこだわるのか、と思われた方もいるのではないだろうか。

高校では取りあえず目の前にある大学入試突破を目指せばよい。大学入試ではoutputは試されないのだから、解読授業でよいのではないか。英文を理解することさえできればよいだろう。だから、高校英語授業ではinput段階でストップしても一向に構わない。そんなふうに考えた方がおられるのではないだろうか。

こうした考え方に対して、我々は賛成しない。我々は、英語は**使わなければ、身につかない**と考える。そして**身についていなければ大学入試問題にも的確に対処することはできない。**

近年の入試の傾向を見ていると、いわゆる一流校、有名校の入試問題における読解問題の長文化傾向は依然として続いている。また、国公立大学を中心として、まとまった文章力を問うような作文課題も出されている。さらに、旧帝大系を中心として、全学的にリスニングの2次試験が課されている。

限られた時間内に長文を読みこなすには、ある程度以上のスピードで英文を読む力が必要である。まとまった英文を書くには分量を書くことに慣れていなければならない。2次試験のリスニングの問題は、簡単な内容の会話を聞き取るといったセンター試験のものとは多くの場合異なり、かなり長く、内容もレクチャー

のような、日常会話よりずっと高度なものを聞き取り解答しなければならない。

こうした傾向を見ても、**入試問題は変化してきており、本格的な英語力を試そうという大学側の意図**が感じられる。

また、近年第二言語習得についての研究が進み、inputの大切さに加えてoutputの大切さも主張されるようになってきている。いわゆるOutput仮説というもので、第二言語の習得にあたっては、outputが大切であり、outputによって習得が促進されるというものである。そして、その場合、必ずしもoutputを実際に行わなくても、行う可能性があるという状況で学ぶことが重要であることが示されてきている。

Output仮説を待つまでもなく、常識的に言っても、**「使う」ことを前提として、読んだり聞いたりしていれば、それを前提としないときと比べて、生徒の集中力は格段に違う**はずである。「分かる」だけでいいと思って英文に接していると、「分かる」ことすら不十分な段階で終わってしまうことがあるだろう。

しかし、outputの可能性のあることが大切であるとして、これに関して、日本人の置かれている状況は決して好ましいものではない。なぜなら、日常で常に英語を使う（output）可能性がある状況で生徒たちが生活をしているわけではないからである。学校においてすら、英語授業以外に英語を使う（output）機会はない。もちろん、学校から一歩外に出れば、英語が使われている社会ではない。したがって、**使う可能性を授業で作らないことには英語を使う状況にならない**のである。

だから、intake、outputまで授業で持っていくことにこだわっているのである。

4. 同じ教科書で飽きないか

　もう一つ、我々の取り組みについてよく聞かれる質問がある。同じ教科書を2度使うと言うと、必ず出される疑問として、「そんなことをしたら生徒が飽きるのではないか」というものがある。

　2度全く同じことをしたら飽きる生徒も出てくるかもしれない。しかし、すでに述べてきているように、Speak Out方式でやることは、全く同じことの繰り返しではない。**1回目は主にテキストの理解までを行い、2回目はその理解を踏まえて、さまざまな表現活動（ロールプレイ、プレゼンテーション、ディベートなど）を行うので、使うレッスンは同じでも、授業の内容は同じではない**。したがって、生徒が「飽きる」ことはあり得ない。実際に3年間生徒たちを見てきて、そのようなことは全く見受けられなかった。

　生徒の飽きを気にする先生方は、2度目の授業内容が想像できないのではないだろうか。それで、全く同じことを2度繰り返すというイメージを抱きがちなのではないかと思う。しかし、例え、全く同じことを2度繰り返した場合でも、1年のブランクを挟んだ場合、生徒が飽きることはあまりないのではないだろうか。生徒が飽きるのではという心配は、1度教えたものを、生徒はかなりの程度身につけているものだという非現実的な前提に立っている先生の心配なのではないだろうか。

　しかも、ある意味残念なことなのだが、生徒は2度同じことをやったとしても飽きることはそうないだろう。**多くの生徒にとって、教科書の表面を1度舐めて通った程度では、内容も十分に理解しておらず、英語も記憶にそれほど残ってはいない、ましてや身についていない**からである。しかも、繰り返しになるが、Speak Out方式は同じことを同じやり方で繰り返すのではなく、

同じ内容を1度目はまず理解して、2度目は発表までを行うのだから、なおさら生徒が飽きるなどということは考えられない。

5. なぜ、2学年をまたぐのか

我々は2学年をまたぐ方式を考え出し、それを実行してきた。なお、繰り返しをしてoutputへ発展させる方法は、理屈の上からは何通りか考えられる。

単純に英語Ⅰなら英語Ⅰにかける授業時数を、学校設定科目をプラスすることによって多くして、高1の段階で、inputからoutputまで一気に持っていってしまうことも考えられる。

例えば、英語Ⅰであるレッスンの本文内容を理解するところまで担当し、その先はSpeak Outにバトンタッチしてintake、outputへと持っていってしまうということが考えられる。学年をまたがずに、高1でここまでやってしまうということである。英語Ⅰという科目とSpeak Outという科目とをつないでoutputへ結びつけるという考え方である。

我々はこのような運びを考えなかった。理由は3つあり、1つには、**1レッスンの内容を14、15回といった長きにわたって引っ張るのは、生徒の興味が持続しないのではないか**と、考えたからである。

理由の2つ目は、運動のインターバルトレーニングのように、少し間をおいて同じ内容に取り組むことの方が、効果が上がりそうな気がしたからである。**適切な時間をおいて、理解したことが頭の中に沈殿、整理されてから、もう一度学習し直す方が効果が上がるのではないか**と考えたからである。

3つ目の理由は現実上の制約から来るものである。**時間割や担当者のことを考えるとこちらの方が実行しやすい**と判断したから

だ。我々のプロジェクトのテーマは、学校設定科目を利用しての発表力育成である。したがって、一気にoutputまで持っていくやり方をとると、常に英語Ⅰの担当者とSpeak Outの担当者との間でペースのすりあわせが必要となってくる。しかし、**2人の担当者間のペース調整は、1つの科目でさえ容易ではない**。学期末までにこのレッスンまで終わらせる、という取り決めをしても、遅い人、速い人の差が出てしまう。これは単に、教え方の遅い速いのみならず、時間割の影響なども関係する話である。曜日によっては、かなりつぶれてしまうクラスもあれば、ほとんどつぶれないクラスもあるからである。同じ科目でもこのように難しい。ましてや、複数の科目のペース調整は至難の業である。これらの理由で我々は学年をまたぐ方式に取り組んだのである。

しかし、これは我々の考えであり、他校が同じ学年で1つの内容について14、15時間ほど費やして、我々がやったような発表活動のようなところまで発展させることに反対ではない。案外、その方が生徒はより集中し、効果を上げるかもしれない。ぜひ、そのように考える、またその実行が可能な学校は実践してみてほしいと思う。

6. 日本人の英語力を上げるために

我々は、3年間、英語の使える高校生を育てるために研究と実践を行ってきた。詳細は第2章以下に述べる。その結果、**生徒の発信力は高まった**。3年前、簡単な英語の問いにも反応できず、英語を話す段になるとコチコチに緊張して天井を見つめていた生徒たちが、英語を使うことへの抵抗感をほとんど払拭して卒業していった。

このことを目にした今、日本人の英語力を高めるためには高校

の英語授業を変えなければならないと、あらためて痛感している。

公立小学校における英語教育の導入が注目されている。早く始めなければ英語力は高まらないのだという議論だと思う。確かにスタートの切り方も大切かもしれない。しかし、問題はいつ始めるかというより、どう続けるかの方である。

外国語の習得はマラソンであるとは、いろいろなところで主張されていることである。単にちょっとした決まり文句を交わせる程度の英語力であればマラソンと考える必要はないだろう。しかし、資料や論文を短時間に読める、ビジネスに必要なメールが書ける、プレゼンテーションができる、ディスカッションができるなどの比較的高度な英語力までを求めようとするなら、高校英語でoutputまでを目標として授業を行う必要がある。それは、マラソンの折り返し後の頑張りに相当するからである。

そして、outputができるためには、その前にintakeがなされていなければならない。頭に入っていないものは出そうにも出せないからである。

日本人の英語力向上には、マラソンの中盤から後半を担う高校英語教育が鍵を握っているのである。だから、高校英語教育の改革が必要なのである。

もちろん、日本人の英語力を向上させなければならないという認識を前提とした議論である。なぜ、日本人の英語力をこれ以上上げなければならないのか、という議論については、十分な紙面がないし、この本の目的でもない。したがって、詳細な議論は他の機会に譲るが、ごく簡単に言って、将来的に日本人の英語力を高めるのは日本の生き残りをかけた国益上、どうしても成し遂げなければならないことであるということだけは申し述べておきたい。

言うまでもなく、日本が世界に対して「売る」ことのできるものは人、つまりは人の力である。言い古されたことであるが、日本は天然資源に乏しい。世界に誇れるのは人材しかない。人の知恵を売って生きていかなければならない。知恵を売る際にはその知恵を伝えるための手段が必要になる。**グローバル化する世界で貢献するためには、国際補助語になった英語の運用能力を身につけることが不可欠**である。「読み、書き、そろばん」が生活の基礎技能だと言われていた時代と比べ、現在は母語と英語での読み書き、そして話し、聞く能力とパソコンを操作する能力が世界に通用するための必須技能になっている。

　今、世界に通用すると言ったが、言い方を変えなければならない。グローバル化は国内と国外という区別をなくしてしまっている。したがって、国内では通用するが、国際的に通用するには英語が必要、といった表現は不適切だ。単に社会で通用するには、母語と英語の4技能とパソコンに代表される機器を駆使できる力を身につけることが常識になりつつある。日本にとって世界に貢献する、あるいは世界で生きていくには英語は必須アイテムなのである。

　次ページより、Speak Out方式の詳細と、その成果について述べるが、我々のこの試みも将来、世界に貢献しうる日本、日本人であるための下ごしらえの一つとしてご理解いただけたら幸いである。

第2章
鶴岡中央高校の取り組み
—鶴岡中央高校英語教員座談会—

　鶴岡中央高校の新しい方式での英語授業が、実際にどのような経緯で始まり、教師はどのように感じ、対応したのか。また生徒や教師は、この方式によって、どう変わったのか。現場からの正直な声を聞くことは、同じように英語授業の改革に取り組もうとする全国の高校英語教師にとって、貴重な情報となるはずである。

　そこで、この章では、同校へのSpeak Out方式の導入と指導に携わってきた金谷を司会に、外国語科教諭、山田陽介校長、米野和徳（山形県教育庁）指導主事が出席した座談会を行った。

　成果だけでなく、弱点や課題も含めて本音で語られた内容を、ぜひ参考にしていただきたい。その際、先に他章を通読し、Speak Out方式の内容を把握してから本章をお読みになれば、さらに理解が深まるだろう。

座談会参加者：（所属・肩書は平成24年3月16日、座談会当時のもの）

金谷　憲（東京学芸大学教授）／司会

米野和徳（山形県教育庁高校教育課指導主事）

山田陽介（鶴岡中央高校校長）

鈴木加奈子（同校外国語科教諭・研究主任）

山科保子（同校外国語科教諭）

芳賀　崇（同校外国語科教諭）

渡邉倫生（同校外国語科教諭）

門脇道雄（同校外国語科教諭）

猪口知津子（同校外国語科教諭）※紙上参加

滝川美穂（同校外国語科教諭）

五十嵐明紀子（同校外国語科教諭）

菅原和恵（平成21年度同校外国語科教諭、22年度より庄内総合高等学校勤務）※紙上参加

髙橋勇一（平成22年度同校外国語科教諭、23年度より加茂水産高等学校勤務）※紙上参加

佐藤美香（平成21、22年度同校外国語科教諭、23年度より鶴岡南高等学校勤務）※紙上参加

1. Speak Out の始まり

　鶴岡中央高校が、「英語教育改善推進校」の指定を受け、学校設定科目「Speak Out」を軌道に乗せるまでにはかなりの紆余曲折があり、教師陣も一枚岩とは言えなかった。そこでまず、きっかけから具体的に動き出すまでを語ってもらった。

◎活性化への意欲がチャンスを呼び込む

金谷：鶴岡中央高校が「英語教育改善推進校」の指定を受けた背景、当時の状況から伺いたいと思います。校長先生、最初はどうだったのでしょうか。

山田：私は当校に赴任したばかりでしたが、前任校でのSELHi（Super English Language High School：高校における先進的な英語教育を研究するための文科省主導のプロジェクト）経験から、文科省のものであれ、県のものであれ、先生が1つの方向に向かうことのできるプロジェクトには大きな意味があると思っていましたし、先生方に打診してみると、数人から前向きの反応が得られたこともあり、当校で何かできることがあったら協力させていただきたい、と県教育委員会に声をおかけしていたのです。

米野：その声をかけられたのが私で（笑）、山田校長が高校の活性化を真剣に考えていらっしゃることが伝わってきたので、文科省の「英語教育改善のための調査研究事業」が出てきたときにご連絡しました。

山田：私から声がけしておきながら、「やっぱりうちでは無理かもしれない」、と申し上げたこともありました。米野さん、「えー、そんな」、と困っていましたね（笑）。

米野：そもそも「なぜ鶴岡中央高校なのか」という基本的な地ならしも必要だったのです。というのは、少し前に国から県への委

託事業「拠点校事業」がありました。これは英語授業の改善に取り組むもので、米沢東高校と酒田西高校が拠点校として指定されました。それを考えると、「今度は鶴岡中央高校にする」というのは一貫性がないのではないか、と県庁内から一部異議が出た。ようやく理解を得られたところで、肝腎の鶴岡中央高校から「難しいかもしれない」という電話をいただいたものですから(笑)。

それはともかく、文科省から具体的な話が出てきたのが、平成20年度も終盤になって、でしたから、突貫作業で翌年度の計画書をお願いするような状況でした。

滝川：最初の話をいただいたのは、1月のセンター試験の頃だったでしょうか。先生全員で議論する時間などとてもなく、大変でした。文科省は一体、何を考えているのか、と憤ったことも(笑)。

鈴木：取りあえず、予算、会計、評価、書籍など、担当を分けて、動き出しました。走りながら考える状態でしたね。

滝川：用意された3つの研究テーマから選ぶ形になっていて、その中から「**学校設定教科及び学校設定科目を活用したコミュニケーション能力の育成の研究**」を選びました。中でも発信力、スピーキング力向上を目的にしました。これは当時の教科主任の先生がかつて、全英連の研究大会で他校の生徒が非常に見事なスピーキングをしているのを聞き、「あんな生徒にうちの生徒もなれたら」と思ったことが動機になっています。

米野：文科省にとってこのプロジェクトは、将来の学習指導要領のための情報収集という目的もあります。しかも採択数には限りがありますから、指定校になるためには、最先端の試みであったり、他校のしていないことであったりする方がよい。そうした条件を考えて資料作りをしました。

鈴木：そうですね。最初は当校の国際交流系列(鶴岡中央高校に

は普通科と総合学科があり、総合学科には、国際交流、情報科学、美術・デザイン、家政科学、社会福祉の各系列がある）を対象に考えていたのを、普通科対象に切り替えたのにもそうした背景があります。**他の高校の普通科がやっていないことをやろう**、と考えたのです。

菅原：これには私も驚きました。この事業の話が出た頃、私は大学院修学のため休職しておりましたが、1月末に国際交流系列でやると聞きました。しかし1カ月後、文科省への提出文書を受け取ると普通科の取り組みに変わっていて……。4月に復職し、何が何だか分からないうちに事業が始まっていました。

金谷：その後、私が6月に行われた最初の運営委員会に呼ばれ、お話をさせていただく機会を得ました。私は「**基礎力がおぼつかない生徒が急に発信力を目指しても難しい**」と考えているので、**復習・発展に力をいれたらどうか**とアドバイスしたのです。

鈴木：私にとってはこの「普通科の生徒たちが国際交流系列の生徒が目標とするような発信力を目指すのは無理だ」という先生のアドバイスが、ものすごいショックでした。先生のおっしゃることが全く理解できなくて……。というのは、復習を行い基礎固めをするという点はよく分かるのですが、普通科の生徒たちが、無気力に見えるのに比べ、国際交流系列の生徒たちが生き生きしているので、国際交流系列の手法を使おうというのが最初の構想でした。

　ところが先生から、ALTが多いなど国際交流系列は条件も違うし、同じことをしようとしても参考にならないと言われ、がっかりしてその日は何も考えられなかったくらい。

金谷：私が出はなをくじいてしまったわけですね（笑）。

鈴木：でもしばらくたってから考えてみると、国際交流系列の場合、できる生徒とできない生徒の格差が大きい。勉強するかしな

いか、そして勉強の仕方は生徒個々人の努力に任され、よくできる生徒もいる一方、英語は好きだけれどできないという生徒もいる状態。国際交流系列でそうなら、普通科では難しいだろうと考えました。ならば、復習に力を入れる方がよいだろうと。

芳賀：私は金谷先生の話がストンと心に落ちました。

鈴木：えーっ。そうなんですか。

芳賀：この学校に来たばかりで、状況がよく分からないままではあったんですが（笑）。考え方はすんなり理解できました。私は音声指導なども取り入れたいと思っていたのですが、その頃は、定着なしに、ひたすら課題をやらせて進めるようなやり方で、フラストレーションがたまっていたんです。

鈴木：あの頃は大変でしたよね。それもあって金谷先生の話が素直に入ったんですね。

猪口：私も、確かに受験を念頭に置いたお仕着せの、生徒にとっては受け身的な指導はもう限界だと感じていました。ですから、進路指導は変わらなくても、生徒が授業を楽しみながら実際に「使える英語」を身につけるステップとしてのSpeak Outには期待がありつつも、実現できるのか半信半疑という状態でした。

山科：私の場合は、発表までの時間数が心配でした。普通科の生徒たちにいきなり、英語で話したり、書いたりを促してもできません。例を示すと、ようやく動くのですが、今度は語順から間違っていたりします。そういう生徒たちに発信型の指導をして、かつ単位数の制約を考えると、どこから時間を持ってくればいいのだろう？という気持ちでしたね。本当にやっていけるという実感がわきませんでした。

　計画は次第に進み始めたが、初期は教師の間でも意見が統一されず、試行錯誤しながら取り組んでいた。それを変えたのは、7

月に英語教師が集まり、1日かけて意見を出し合った会議だった。

◎夏の会議がすべての出発点に

金谷：具体的に、大きく前進したターニングポイントはあったのですか。

鈴木：Speak Outに向けての準備が動き出した最初の年の夏（7月）に先生が集まり、一日中徹底的に議論する日を設けたのです。アンケート回答を参照しながら、先生間でズレが生じていた「生徒観」、そして「鶴岡中央高校としての英語教育をどうしていくか」を統一しようと考えたのです。これが非常に良かったですね。正直、それまでは集まっても私一人が意見を出す感じで、しーんと静まりかえっていましたから。

門脇：「このままではいけない、変えよう」という意識は、ほとんどの先生が持っていたと思います。それまでノートを提出させたり、週末課題を出したりと、点検・強制型の指導をしていましたが、成果はあまり上がっていませんでしたから。

鈴木：しかし普段はおおっぴらに言えない雰囲気。それがこの会議で全部吐き出された感じでした。

五十嵐：そのままのやり方でも、これまでの水準は保てるだろうから仕方ないとあきらめていたのが、変わったんですね。

山科：それまでは何とかしなくてはと、モヤモヤしていても手段がありませんでした。Speak Outは、そうした手段、変革の具体的な足がかりになったと思います。

鈴木：会議では最初、普通科の生徒たちの意欲について議論しました。なぜ無気力なんだろう。それに比べて国際交流系列の生徒たちが元気に見えるので、その理由は何だろう、と。門脇先生は国際交流系列を教えていらっしゃったので、意見を伺いましたよね。

門脇：そうでしたね。私は国際交流系列の生徒6人を教えたことがありましたが、6人ともモチベーションが高く、3年生の春には全員が英検2級に合格したほどだったのです。

鈴木：でも、普通科には応用できないという結論になりました。

門脇：普通科は生徒数が160人ですし、単位数も違います。ディベートなども最初からは無理。ですから、ステップバイステップで段階を踏んで進めていく方がよいと思いました。

鈴木：話し合ううちに見えてきたのは、国際交流系列の生徒にはoutputの場があるけれど、普通科の生徒にはないこと、というか、普通科の生徒にとってのoutputはペーパーテストで、それは3年後の受験への準備でしかないことです。

芳賀：だからでしょう、音読をさせても、「本当にこれは必要なのか」という疑問を持っている生徒もいて、そういう子は声が出ていない。個人的にも1年目は3年生に受験指導をしつつ、1年生にスピーキングも教えなくてはならず、大変でした。

山科：私も、このプロジェクトを始める前にも音読を取り入れた指導をしていましたが、生徒に元気がなかったし、しっかり定着しているという感じがしませんでしたね。

鈴木：そうやって、先生方が議論する中で、普通科で「目を輝かせる生徒をつくろう」ということで意見が集約されていきました。

菅原：これまで、普通科のオーラル・コミュニケーションⅠ（OCⅠ）は文法に重点をおいた指導でした。しかし、2年次以降、Speak Out をやらなくてはならない。その素地をつくるためにも、1年次の英語ⅠとOCⅠで英語を話す活動を増やしました。音読テスト・暗唱テストを定期的に実施し、Show & Tellやペアワーク、グループワークを増やしてpublic speakingに慣れさせるようにしました。

1年間継続した結果、英語で話すことへの抵抗感が薄れ、互いの発表を聞く態度も育まれたと思います。また、Speak Outの授業で目指すinput→intake→outputの流れを生み出すように語彙・構文の定着に力を入れ、教科書の1レッスン全体を一気に聞いたり読んだりする活動も増やしました。互いの授業を見て意見を出し合い、授業法を共有する姿勢が教員間に生まれたことも大きな変化だったと思います。

金谷：Speak Outの「教科書を繰り返して使う」やり方についてはどのように感じられましたか？

門脇：それまで考えたこともないアイデアでした。私が思い出したのは、同時通訳の先駆けの1人、鳥飼玖美子さんが、自分の勉強法を尋ねられ、「中学校の教科書を200回読んだだけです」と答えたこと。教科書の繰り返しはそうしたintensive readingの1つなんだなと思いました。ただし、intensiveな学習に重点が置かれるあまり、extensiveな学習はおろそかになるような気がしました。初見で英語を読む力などの育成ですね。

金谷：Speak Outでは、**まずは文を頭の中で作ることができ、口に出せるようにすることが先決**だと考えているんです。ディベート、ディスカッションなど論理性の高いことをゴールにすると、（一般の生徒には）ハードルが高過ぎてうまくいかないんです。

鈴木：一般に、教員はうまく指導さえすれば、生徒は論理的に話せるようになる、と信じているようなところがあります。しかし、金谷先生の「グローバルイングリッシュは、必ずしも論理的でない。話した者勝ち、みたいなところがある」という指摘、それから、「今晩の食事は何にしようか」と話せる子にしたいのか、環境問題を論じることのできる子にしたいのか、考えてみてください、といった指摘は考えさせられました。

門脇：そこは非常に重要なポイントだったと思います。「**論理的**

に主張できる生徒」という高い理想像を捨てたことでハードルが下がり、より現実的な指導が可能になった。**論理は言語の基本の1つですが、そこにこだわると研究や活動が前に進まないんですね。

金谷：英語指導に限らず、一般に**目標が高過ぎると行動につながりにくくなる、逆に適切に目標を下げると、できそうな気がして行動につながり、力が伸びて、目標に近づく**という逆説的な現象はよく起こりますよね。英語学習の最終的な目標は、より良く話したり、書いたりできることなので、そこへどうやって達するかに焦点を当てているのです。繰り返す学習はそのための手段です。

　こうして1年目の計画を進めたが、その後、政府の事業仕分けの影響で、文科省の事業が消滅、新たに山形県教育委員会の指定を受けることに成功、2年目に入ることができた。

◎2年目からは県の事業として継続

米野：12月になって、国の事業仕分け政策で、文科省のこの事業が廃止になり、これは大変だということに。

山田：青天の霹靂でしたね。意見を集めると、文科省の指定がないならやめた方がいい、という先生もいれば、ここまでやってきたのだから何とか続けたいという先生もいて、教師陣が空中分解しそうでした。

滝川：テレビで事業仕分けの報道を見ていて、今までの苦労は何だったのだろうとため息が出そうになりました。

山田：それで、補助金などはなくてもいいから、何らかの指定をしてもらえないかとお願いしました。

米野：2年目こそがメインなのに、ここで頓挫させてしまっては

本当に申し訳ないので、何とかならないかと課内（山形県教育庁高校教育課）で相談したところ、「英語教育改善推進校」として、可能な範囲でバックアップしましょうということになりました。ただ、予算はない（笑）ので、どこまで支援できるかは未知数だったのですが。

金谷：それで、何とか2年目以降は県のプロジェクトにすることができたわけですね。Speak Out I では、英語 I をどのように加工しましたか。

門脇：教師全員がそれぞれ教科書のすべてのレッスンに対して、最終タスクを考えました。

山科：個々のレッスンについて、どんな活動が考えられるか、みんなでアイデアを出したんです。

鈴木：ところが、それをとりまとめて9月に提出したらすべてボツに。理由は、最終タスクをトピック主導にしてしまい、英文再生ができなかったから。例えば、単に水問題について意見や感想を述べるというタスクは英文を使わなくても可能です。そこで、「ニュースキャスターになって、『水問題の実態』について説明をする」という**英文再生のできるタスク**に変えていったのです。

　こうした作業を終えたのが12月で、2月にはやっとマイクロティーチング（少人数で、順番に短時間の授業とフィードバックを繰り返し、自分と他者の授業を振り返りながら授業のスキルアップを行う研修）ができるようになりました。

滝川：最初はディベートやプレゼンテーションのやり方まで、きっちり指示書を作ろうとしたから大変な労作になっていましたね。

米野：全部オリジナルでものすごいボリュームでしたよね（笑）。

芳賀：そういう無駄は、進めていくうちにだんだん減っていきましたけれども。

立ち上げ期を振り返り、鍵となったことをまとめてみよう。まず、学校として政策や状況に臨機応変に対応したことである。これには校長のリーダーシップが欠かせなかった。また教育現場としては、方針を統一したことである。外部の視点や理論の助けを継続的に受けつつ、従来、個々の教師が「抱えていたが顕在化していない問題」をすべてさらけ出し、話し合ったことが改革実現につながった。

2. 時間の経過とともに生徒が変わった

　最初は、教師も試行錯誤を重ねたが、2年目の後半からは急速に効果が見えてきた。英語を使う力だけでなく、発表力も高まり、Speak Out以外の英語授業にも良い影響があった。

◎見えてきた繰り返し効果
金谷：実際にSpeak OutⅠの授業をしてみての感触はいかがでしたか。
山科：1年のときに1回勉強しているはずなのに、生徒は結構忘れていて、単語の発音なども初めてのような感触でした。ただ並行して学ぶ英語Ⅱに比べると楽、という意識はあったのではないでしょうか。
渡邉：生徒は以前学んだことを何となく覚えているけれど、細かい内容、キーセンテンスなどは忘れていたので、繰り返しの効果は感じました。やはり英語Ⅱに比べ、簡単に感じているようで、最終タスクのときに取り組みやすい感じはあったと思います。
鈴木：2年生からは本文の内容把握をすぐリスニングから始めたので、**同じ素材でもやり方が違うし、目標も違うので1年生のときとは別の授業ととらえていた**と思います。パート1から3までリ

スニングさせると、かなり大変そうでしたが、あきらめないで取り組む生徒が多かったですね。最初はパート1で集中力が途切れていましたが、Speak Out I の4カ月目くらいから途切れなくなってきました。英語Ⅱでのリスニングよりも楽しく学んでいる生徒は多いと感じました。

金谷：Speak Outの授業の方が取り組みやすいというか、心理的なハードルは低いのかもしれませんね。先生方からの意見はどうでしたか。

鈴木：Speak Outでも、英語Ⅱでも、Fact Finding（質問に対する答えが含まれている英文を教科書本文の中から探す活動）があります。それで、先生方から両方で同じ活動では生徒は飽きてしまうのではと、よく尋ねられました。

芳賀：でも実際には、生徒は飽きずに取り組んでいましたね。

金谷：私は時々言うんですが、飽きるくらいの境地に達したらそれはもうかなりできるレベルとも考えられる。

芳賀：いやいや、とてもそこまでのレベルには行っていませんが、もう1つ気づいたことがあります。それは英語ⅡのFact Findingが非常に良くできるようになったことです。質問に対する答えが含まれている英文にアンダーラインを引かせるのですが、こんなにできるんだ、と驚かされました。指示されなくてもやるようになりましたし、**Speak Outのおかげで理解力が増したのではないか**と感じました。

鈴木：少し前にさかのぼってやらせると効果的なのかもしれませんね。

芳賀：その効果はあると思います。高校1年生にいきなり英語ⅠのFact Findingをさせたら、とてもこうはうまくいかなかったでしょう。ですから高校1年生なら、中学3年生の題材を使ってみるといったことを考えてみたらいいのでは。

金谷：生徒の変容についてはどのように見ていますか。

芳賀：**書く量は増えた**ように思います。だめなところを直す、ではなく、**プラスアルファの質問をするように促す指導**が良かったのではないでしょうか。

◎生徒が自立的に考え、発表の力も向上

鈴木：私の実感としては、Speak Out I の4カ月目くらいから内容理解が深くなったように感じました。**読むスピードが上がり、内容もより深く理解できる**ようになりました。書くことも同じで、4カ月目くらいから慣れてきた感じです。読み書きに慣れてから、少し遅れて発表に対する慣れが続き、それも、「覚えたことをただ話す」のではなく、「**自分で考えて、自分の意見を付け加えて話す**」ことができるようになったと思います。

山科：2年生が、Speak Out I の授業の中で英語 II の教科書に出てきた言い回しを上手に使ったことにも驚きました。

鈴木：そうでしたよね。2年生がある議論の中で、英語 II で学んだキーセンテンスを、単語を入れ替えて使いこなしたこともありました。Speak Out I と英語 II を並行して学んでいた2年次の10月くらいのときです。

山科：とても難しい単語を使ったり……。しかも、理解した上で使っている。

鈴木：Speak Out によって、英語 II の定着も良くなったのか、英語のストック量が大きくなって、使う力がついてきたのか。一体なぜなんでしょう？

金谷：生徒は、どこまで自覚しているかは別にして、学ぶときに、どこかで使うことを意識しているのかもしれませんね。ほら、押し入れに物を片付けるときも、すぐ使いそうだと思ったら、手前に置いて、奥にしまいこまないでしょう？　学習でも同

じようなことがあって、**使いそうな表現を意識している**のかもしれません。

鈴木：逆に意識が十分でないのが品詞の使い方。名詞を動詞みたいに使ってしまうということも。

金谷：しかし一気に学ぶ必要はなくて、**まずは何でも良いから英語が口をついて出てくるような状態にすることが大切**です。ただ、3年生の10月くらいまでにそういう段階まで行っても、その後があまりなく、多少、時間切れ気味のところはあるかな。

鈴木：そうですね。受験準備に入りますから。

金谷：2年次からのプロセスをご覧になっていてどうですか？いくつかの節目があったのではないかと思いますが。

山科：大ざっぱに言うと、2年生の夏までに一山越えて、夏休みが過ぎ、秋にもう一山越えたという感じです。2年次の最後のFast Food（2月）をテーマにしたレッスンのときは、私が生徒から質問を受け、それに対して教え、生徒はその内容をつなぐだけで精いっぱいという状態でしたが、自分たちで何とかしてポイントを見つけようとしていたし、要約文を作ることができるようになりました。3年次になって、Living with Animals（9月）をテーマにしたレッスンのときは相当に複雑な文でも、大事なポイントを見つけ、言いたいことを言えるようになりました。

渡邉：確かに最初は、「こういうときはどう言えばいいんですか」と生徒に尋ねられて文を作り、生徒はそれを暗記して発信することしかできませんでした。それが**3年生になると、教師が関わらなくても、生徒たち同士がやりとりしながら、必要な文を引き出せるように**なりました。終盤の授業では、教師への質問が少なくなってきましたね。

芳賀：聞くポイントも精密になりました。「**この表現が良かったと思うから、使いたい**」と意識した聞き方ができるようになって

きた。2年次の終盤から力が上がって、英語でのやりとりもスムーズになってきましたね。

鈴木：もう1つ、(2年生の)春休み明けに英語力のロスがあるかもと思っていたら、それがなかったことは驚きましたね。

山科：私もびっくりしました。生徒たちは全くロスを感じさせませんでしたね。むしろ、力がついているような……。

鈴木：口が動かなくなっているのじゃないか、という不安がありましたが、杞憂でした。復習を徹底してさせたのが良かったのでしょうか。

金谷：復習はどのように？

鈴木：英語Ⅱのレッスンを網羅し、Speak Out Ⅱでやりそうなところを復習させる冊子を手作りし、授業でさせたことをもう1度、3週間かけて徹底的にやらせました。

金谷：そのほか気づいた点としては？

渡邉：発表力が向上しました。発表の苦手な生徒も、緊張はあるでしょうが、発表への抵抗はなくなったと思います。

芳賀：そうそう、聞き手を意識した発表もできるようになっていきました。しかも自分たちで面白くしていこうと意識するようになりましたね。**「これで友達に通じるだろうか」と考え、「そのためにもっと知りたいから学ぶ」**という循環ができていったと感じました。

金谷：最初は「取りあえず発表」だったのが、十分な時間を与えることで、「より良い」、「より自然な」、「より正確な」発表へと向かう流れができたということですね。

鈴木：それと関係するのですが、発表においてどの部分が最も弱かったかというと、文法や語順よりも、いかに具体的に言うのか、あるテーマが、一人の高校生である自分にとってどうなのかといった「生活や実感に引き寄せて語る」ことだったと思います。

芳賀：それと、品詞については……。

鈴木：めちゃくちゃでしたね（笑）。間違いが満載。

山科：Speak Out I で、主語、人称、文型などを大まかには教えましたが、十分とは言えませんし。

鈴木：ある程度深く踏み込むには時間不足。品詞について考えさせる時間をもっと確保できれば良かったのかも。

金谷：しかし**大人にとっても品詞感覚は難しい**もの。生徒たちが間違えるのも無理はない。私が見学したときも、Now judgment! なんて言っていたけど（笑）。

山科：かっこいいせりふを入れたい、という意欲はあるんです（笑）。

金谷：動詞を使うと文にしなければならないので名詞にしたのか、動詞と名詞の使い方の区別がつかないのか、そこはよく分かりませんが、いずれにしても、**大学入試を想定すると解決しておかなければいけない問題**ですね。

◎初見の英文にふれる機会も

金谷：Speak Outでは、初見の素材を読む力が不足する、extensivenessが十分でないとのご指摘もありましたが、これに対してはどうですか。

芳賀：でも、Fast Foodにしても、Living with Animalsにしても、**本文のトピックに関連した初見の英文も読ませています。**

金谷：つまり生徒は英文を読んで背景知識を抽出しなければならないから、それなりに初見のものを読む機会はあるわけですよね？

五十嵐：そうです。背景知識を得るためのものは結構読ませていますね。

鈴木：Speak Outの計画段階では毎回、背景知識を得るための英

文を読ませたいという案も出てきました。でも金谷先生から、生徒をよく見たら、まずは定着だろうとのアドバイスをいただきました。その通りだったと思います。

金谷：何でもかんでも限られた時間内に満たそうとするとどうしても無理が出る。定着しないまま、進んでしまいます。どんどん吸収できる生徒なら良いのだけれど、そうでないと、無効な情報を入れているようなことになります。

◎入試直前では他教科への配慮も必要

金谷：Speak Out方式と、受験との関係はどうでしょうか。

五十嵐：2年生の段階では生徒は入試を意識していないですね。意識するとすれば3年生からでしょう。

芳賀：ライティングのときは意識しているみたいです。

鈴木：受験準備はリーディングやライティングなどの科目で行っています。生徒がSpeak Outにそれを期待することはないようです。生徒から「この時期にそんなことしていていいんでしょうか」といった意見は聞いたことがありません。

五十嵐：そのほかでは他教科との関係がありますね。これは他校でもそうなのですが、秋までは、英数国の基礎固めが優先で、理社は課題をたくさん出さないと思います。入試直前期の11月、12月になると理社の得点の積み上げの時期なので英数国は課題を出し過ぎないようにしてほしいという流れになっている。仮に英語が課題をたくさん出すと、理社の勉強をする時間がなくなるという意見も。実際、12月に入っても英語の課題が多過ぎる、という生徒も出てきたでしょう？

鈴木：しかし実際には課題というのはその日の復習プリントと模試の解き直しで、そんなに多いという意識はありませんでした。他教科のある先生は、「最後まであきらめないで英語を勉強した

結果なのではないか。それはこれまでになかったことだ」と会議で発言してくれました。全体的に受験勉強のスタートが遅かった、という全体の指導の問題もあったと思います。

金谷：まあ、これは、入試に限らないですね。ある教科で特に丁寧に教えると、生徒は他の教科に時間を回せなくなりますから。これは難しいところです。

山科：英語の授業というより、進路指導に付随する問題という面も大きいみたいですね。いつまで、何をするか、の他教科との調整が十分でなかったことはありますね。

◎学習意欲や姿勢が劇的に改善

金谷：学習への意欲、取り組み姿勢などについては？

鈴木：Speak Outは、確実に普通科の生徒の活性化には結びついたと思います。私は以前、ある学年を1年生から3年生まで指導したことがあります。このときは文法書や手作りのテキストを使い、生徒の自主性を尊重するやり方で、1年生の終盤には模試での成績が非常に上がりました。それでうまくいったと思ったのですが、2年生になったら疲れが出たのか、結果的には失速してしまいました。今回はそういうことはなく、生徒たちは自然な形で英語になじんだ気はします。

佐藤：Speak Out Iに英語IIで習ったばかりの単語や表現を入れている生徒、また、英検の2次試験の練習で少し難易度が高い単語を使っている生徒が見られました。どちらも普段の授業を意識して受けていたり、使ってみようという意欲が出てきたりしている証拠だと思います。

門脇：私が最も感じたのは、能力の向上もさることながら、学習への姿勢が大きく改善されたことです。Speak Outのやり方ですと、**生徒は自然にアクティブにならざるを得ない**んでしょう。生

徒の表情が生き生きして、160人のうち、1人もしらけている生徒がいない。これは素晴らしいことです。

五十嵐：私も同感です。私が当校に来た頃は、一部の進学校でしているような指導を、そこまでの力がない生徒にしているように感じました。教材も多く、教科書、ワークブック、小テスト用単語集、週末課題用テキスト、文法学習用のテキスト、参考書、文法書がありました。教科書の理解もおぼつかないのに、こんなにたくさん使うのはどうか、と疑問に感じました。

　その後、私は産休・育休の不在期間を経て、Speak Outが始まってから当校に戻ったのですが、大きな変化を感じました。何より意欲が違うんです。2年生は最初の自己紹介スピーチのときは、原稿を書くだけで四苦八苦という感じでしたが、10カ月ほどしてディベートの段階になると、発表のぎりぎり直前まで発音について尋ねてくるなど、勝ちたい、**立派な発表にしたいという「頑張る気持ち」**が伝わってきました。私はもう違う学校に来たかのようで、びっくりしましたね（笑）。

鈴木：チームとして、相手チームにどう対抗するか戦略的なことを考えたり、前向きになりましたよね。以前とは全然違う。

山科：Speak OutⅠの最初の頃は何をどう聞いたらよいのかさえ分からないような状態で。それが3カ月くらいたつと、内容が分かってくる。そして秋以降スピーチやディベートをするときには、人を楽しませようという余裕が出てきて、ユーモアをからめるとか、小道具を使うようになってきます。

髙橋：秋口にスキット発表を担当したときに、生徒に小道具を選ばせたり、背景知識を与えたりしたのですが、教師がちょっとしたきっかけを与えるだけで、生徒はどんどん自分たちで課題をクリエイティブなものにしていく積極性が見られました。楽しみながら、そして、生き生きと課題に取り組む姿勢は劇的な変化だ

と思いました。
山科：ディベートの進行や司会も、生徒に任せるしくみを作ったら、自発的に動くようになりました。2年次のときは、発表する前に教員側がいろいろとお膳立てし、指示しないとできなかったのが、3年次では生徒側がどんどん自分たちで決めて動けるようになったのです。

　新しい指導方法が効果を表すにはかなりの時間がかかるもの。特に繰り返し型のSpeak Outの場合はそうである。しかし、ここでの議論を見ると、発表を目標に据えたことで着実に生徒の意識は変化し、学習意欲が高まったことが分かる。

3. 教師の意識や指導法も変わった

　Speak Outの実践によって、教師もまた変わった。指導法、課題や評価、教師同士の関係、そして仕事に対するやりがいなど、さまざまな側面で起こった変容について語ってもらった。

◎定着させることを意識し、指導が変わる
金谷：次に、先生側の変容についてお聞きしましょう。
五十嵐：先ほど産休・育休から戻ったら生徒たちが変わって別の学校のようだったと言いましたが、Speak Outの導入で、教える側、外国語科の雰囲気も変わっていて、その意味でも別の学校のように感じました。

　産休をとる前、当校に転任した当初は、指導の統一した方針が不透明で、会議も少なく、報告は回覧で来るのでびっくりしました（笑）。でも今は科の会議の後、このプロジェクトのための会議を毎週やっています。

鈴木：科会が週1回というのは、いろいろな意味で大きいですよね。

五十嵐：新しいレッスンに入るときは、研修があって、マイクロティーチングをするなど準備もしっかりしています。これは、私にとっても良い勉強になりました。以前は、校外に出ないと研修ではないというイメージを持っていましたが、今**校内で自分の勉強ができる**という実感があります。

鈴木：同じ学校にいる先生は各自がいろいろなノウハウをお持ちなのに共有されていなかった。それが生かされるようになったんですね。

佐藤：初めは同じSpeak Outの授業でもやる気のあるクラスとそうでないクラスがありました。生徒の意欲だけでなく、指導する側（私）にも問題があると思いました。Speak Outでは公開授業などで他の先生方の授業を拝見することが多く、また、細かい点まで打ち合わせをするので、やるべきことや授業像が見えて良かったと思います。

山科：Speak Outが開始された後の**情報交換も活発**でした。

五十嵐：「今日、発表で生徒の誰々がこういう表現を使った」と、授業が終わってすぐ、他の先生に報告せずにはいられない。準備していても、何が起こるか分からない楽しさがありました（笑）。これは通常の授業にはないことでしたね。

鈴木：よく分かります。次の授業へ移動する間も（他の先生に）「こんなことがあった！」と話している。**レッスンプランについて先生方が集まって話し合った**のも良かったですね。

山科：2対2でのプチディベートとか、マイクロティーチングとかやりましたね。

鈴木：「紙上ディベート」（あるトピックについて、賛成派と反対派に分かれて、紙に自分サイドの意見を書き、それを交換して相

手サイドの意見に対する反論を書く活動)も。実際に生徒になってやってみると意外に大変でしたね……。

佐藤：題材にもよりますが、最終タスク、紙上ディベートなど鶴岡中央高校での経験からSpeak Outの基礎が身についているので、勤務校が変わっても授業内で一部活用しています。

五十嵐：それから**生徒の間では教え合い**が出てきました。グループ内のできる子が、よく分からない子に教える。教える子にとっては復習になりますし、教えられる子にとっても学ぶことは多い。実際、私たちよりうまい説明かも、と思うくらいの子もいました。こうしたことは、従来の授業と違う長所として強く印象に残っています。

鈴木：私は指導の発想が大きく変わりました。従来のやり方で教えていた頃、実際に生徒にoutputさせてみると、わずかしか言えない、書けないことが分かり、Q&Aでは理解していても、使えるようにはなっていないことを痛感しました。その意識から、英語Ⅱの指導も、課題内容も変わりました。

金谷：どのように変わりましたか。

鈴木：2つあって、1つは、**生徒が家でどのくらい勉強できるのかを考えながら指導するようになった**ことです。どこまで学校で教え、生徒が家で練習したり、辞書を調べたりする表現は何かを意識して指導し、課題を出すようになりました。もう1つは、**定着を中心に考えるようになった**こと。まず今、学んでいることを定着させてから、既成のテキストや課題を使うようにしました。

山科：夏休みの課題では、教科書と類似のトピックで、初見のものを読ませることをしました。

鈴木：渡邉先生も、まず教科書の定着を目指すと言っていましたよね？

渡邉：こう言うと、生意気に聞こえると思いますけど、私は自分

が高校時代の頃から、英語の授業に疑問を感じていました。というのは、力がついたかどうかはペーパーテストでしか判断されないでしょう？　だからこれでは定着したかどうか判断できないな、と思っていた。だから前任校から鶴岡中央高校に来て、Speak Outに出合って、本当にラッキーだと思いました。

鈴木：なるほど。

渡邉：Speak Outが軌道に乗ったことで、次の英語Ⅰの指導も変えていけますね。英語Ⅰの授業で、**生徒たちに前学年の発表例を見せ、来年はディベートまで行く、と示せる**のですから。

金谷：先輩の良いパフォーマンスを映像で見せると非常に効果がありますね。私のいる東京学芸大学の附属中学校では英語スピーチコンテストをやっていますが、そこでも先生方が一様におっしゃるのは、ビデオで前年の優れたスピーチを見せることが、モチベーションアップに一番効くこと。先輩の実演を見て、自分たちのときはもっと上手にやろうといった意欲も生まれるようです。

鈴木：Speak Outによってテストの問題も変わってきましたね。

五十嵐：私もそう思います。1年生の問題を見ると、1つの問題にいろいろな要素を詰め込んだような妙な総合問題はなくなり、意図が明確なすっきりとした良い問題になりましたね。

金谷：研究会などで、先生方からSpeak Outの評価の仕方をよく尋ねられるのですが、どうやっていますか。原稿と発表の両方で評価していますよね。

鈴木：そうです。発表のために作成する原稿4に対し、実際の発表が6という割合です。ただ、スキットやディベートは発表への点の配分を大きくするといった調整はしています。

金谷：複数人数の発表に対してはどうしていますか。

鈴木：ディベートではオープニングステートメントは何点、とい

うように構成要素によって点を付けますが、チーム全体の点数を、そのチームのメンバーそれぞれの点にしています。
金谷：ということは、若干、チーム運みたいなところもありますか？　できるチームの一員になると得するというような。
五十嵐：そうならないように、チーム編成の段階で、各チームの力が均等になるようにしています。
鈴木：ペアのときは、個々人の点数にしています。
五十嵐：また原稿は、準備やリハーサルの段階で、教師がこまめに指導し、手直しさせて、ある水準以上にしますから、極端な差にはならないと思います。
鈴木：発表の方はもっとそのときの出来不出来が出てきますね。

　ここでの議論で分かることは、Speak Outの大きな効果は、生徒の英語の運用力や学習意欲が向上するだけでなく、教師の発想を変え、指導方法や課題の改革につながったことだ。そして、非常に大きいのは、教師のモチベーションをも高めたことである。

4. 回転させることで向上する指導法

　Speak Outには、続けることで教師の負担が減り、効果が増すという長所がある。これをどう生かしていくのか、また鶴岡中央高校が蓄積したノウハウを、いかに今後の改善や他校への普及につなげていくかについて論じる。

◎立ち上げ時にはパワーが必要
金谷：Speak Outに取り組んで、先生の負担はどうでしたか。
鈴木：非常に大きかったですよ。**最も大変だったのは、最終タスクを考えることでした。**

五十嵐：でも、楽しいと思えるので量的な負担が苦にならないんです。**読むのに非常に時間はかかりますが、Speak Outでは生徒の書いたものを読むのが楽しい。**

芳賀：以前よりもSpeak Outの方がずっといいですね。

山科：同感です。

芳賀：それに計画が非常にしっかりしていて、**8クラスのどのクラスも同じことがきちっとできた**のは素晴らしいことだったと思います。文科省の方針である「言語力の向上」という面から見ても大成功と言って良いと思います。

金谷：その通りだと思いますね。

芳賀：逆に言えば、（文科省が掲げる）言語力を強化するには、このくらい綿密にやらないとだめなのでしょう。他の科目でもそうだと思います。

金谷：新しいやり方を導入するときはどうしても手間がかかります。誰も経験がないのですからね。でも一巡すると楽になり、二巡すればさらに楽になります。しかし、実は先生はあまりそういう経験をしていない。というのは、一般に学校での新しい試みは3年くらいで終了し、また新しい試みに取り組むことが多いからです。これだと立ち上げの苦労が続くことになってしまうんですよ。

鈴木：確かにそうですね。これから平成25年度の教科書に対応して準備をしなくてはならないのですが、今回よりは楽になるといいな（笑）。

五十嵐：ノウハウが蓄積し、ひな型があるから、最初のときよりも楽になるはず。 新しい教科書のときは大変、でも次の年は楽になる、その次の年はさらに楽になる……。

鈴木：今回の経験を通じて**多くの先生がレッスンプランを作れるようになりましたから分担もできますし。**

金谷：他校が導入する場合も同様です。大阪府の茨木西高校がSpeak Outを導入することになり、鶴岡中央高校の方法論をお伝えしました。教科書が違うので大変かなと思いましたが、あちらの先生は、「いただいた鶴岡中央高校のやり方をこちらの教科書に合わせて書き換えればいいだけなので、(鶴岡中央高校よりも)ずっと簡単にできます」と言っていました。

五十嵐：こうしたことは、リーディング、ライティングや英語Ⅰを主に担当している先生方も応用できることだと思います。今はそれぞれが皆ハンドアウトを作っているでしょう。それよりも**原案みたいなものを作り、授業に応じてうまく分担すれば、ずっと効率的になるのではないでしょうか。**

鈴木：そうですよね。そうしておいて、英語ⅠやⅡのハンドアウトは次の年度になったら少しずつ改良して使っていけばいい。

五十嵐：毎年、誰かが新しいものを加えていく感じですね。

芳賀：Speak Outの指導が他科目に影響を与えていますから、ハンドアウトや課題もそれに合わせていくといいですね。Speak Outの完成度を上げるとともに、他科目もさらに改善され、全体として安定的なカリキュラムになると思います。

鈴木：他科目も改善されていかないとSpeak Outも良くなっていきませんからね。

◎Speak Outの効果を他校に伝える難しさ

金谷：公立学校の先生には異動がありますが、全くSpeak Outを知らない高校に異動になったとしたら、どうしますか。

鈴木：うーん、まずは1人でも2人でも仲間を見つけることでしょうか。そうすれば、何とかなるかもしれません。

五十嵐：学校設定科目は難しいでしょうから、**1レッスン8時間でoutputまでやって、表向きはSpeak Outではないのだけれど、実**

はSpeak Outというやり方（笑）にする。後は周囲の説得しかないですね。

鈴木：それがおそらく最も可能性が高いでしょうね。それで生徒の力が伸びたら、先生を授業に呼んで、生徒がすごく話せるようになっているところを見てもらう。そうすれば、仲間は増えるでしょう。

五十嵐：つまり初動が難しいわけですね。**1回効果があることが分かってもらえれば納得してもらえる**と思うけれど、そこに行くまでのハードルが高い。

菅原：私は現在、総合学科のみの小規模校に勤務しています。1つの科目は同じ教員が担当しているので、レッスンプランは私1人で組み立てることができます。今年度は、3年次のリーディングで**Speak Out的な最終タスク**を設定するようにしています。1年次から指導してきた生徒たちで、選択科目なので少人数クラスですから、互いに協力し合い、楽しんで準備をし、発表しています。定期テストごとに教科書で扱ったトピックに関する内容でスピーキングテストをするので、生徒は教科書を読みこなして、その表現や語彙を使うようになります。

　Outputの機会を設けることで生徒は意欲的に学習に取り組みますし、他の生徒の反応も励みになるようです。このように、**鶴岡中央高校でSpeak Outの準備をしながら学んだこと、実践したことを現任校でも役立てています**。生徒の発表は他の英語教員にも見に来てもらいます。その際、どんな授業をして、どんな最終タスクを設定したかを説明するのですが、こんな形で他の先生に紹介することもできるのではないでしょうか。

金谷：Speak Outを進める上でもう1つ重要なのが**テスト**です。中間テストなどのとき、先生方が共同で問題を考える高校と、持ち回りで出題する高校があります。持ち回りの場合、Speak Out

と全く違う価値観で作った問題が出ると、当然、(Speak Out式で学んだ)生徒の点が大きく下がる。その理由がSpeak Outの授業のせいにされてしまうと浸透しない。だから校内に対する「傾向と対策」も必要になるでしょう。

猪口：今の鶴岡中央高校なら、テスト作成が持ち回りでも、それほどびっくりするような差は出ないと思いますし、あったとしても指摘し合えると思います。

五十嵐：規模の小さい学校へ異動した方が、こういう新しい試みはやりやすいでしょう。中学校みたいに1学年に1人しか英語の先生がいない状況なら、もっと楽にできるはずなのですが。

金谷：その通りですね。中学校の場合、1校にいる英語の先生は2、3人、多くても5人で、1学年はだいたい1人の先生が担当しています。ところが高校は1学年だけで4、5人の先生がいますから、何か新しいことをするためには、全員のコンセンサスを取らないとできません。そこは高校独特の難しさですが、皆さんのこれからにかかっていると思います。

　いかに優れた指導方法でも、教師にとって負担が大き過ぎれば普及せず、普及しなければ、改善、発展につながらない。ここでは、従来のスクラップ＆ビルド的な改革ではなく、継続的な運用や、基本フォーマット（モデル）の普及によって、より少ない負担でより効果的な授業ができる可能性についても語られている。
　次章からは、試行錯誤を重ねながら進められたSpeak Out方式の授業の詳細とその成果について、具体的に紹介しよう。

従来の英語授業のパラダイムを変えた Speak Out方式

　Speak Outについて、校長および県教育委員会からの評価を見てみよう。

　山田陽介校長はこう語る。「Speak Outは、**方針を掲げて指導することが非常に大切**であることを示してくれました。鶴岡中央高校は普通科、総合科を抱え、規模も大きいのですが、そこでいかに良い授業をするかを外国語科の先生が示してくださったと思います。先生方の努力には感謝しますし、他の教科にも良い影響を与えていると思います」

　山田校長によれば、学校設定科目が増えることに対する異論もあったが、**Speak Outを通じて生徒の変容を目の当たりにし、この試みを歓迎する声も多く**、他教科にとっても1つの授業モデルになっていると考えている、とのことだ。

　一方、県教育委員会からの評価は、これまでのパラダイムを変える授業という評価を得ている。山形県に限らず、英語の授業では、**「受験のための英語」と「コミュニケーションのための英語」**が二律背反的にとらえられることが多い。「Speak Outは、そうではなく、**2つが両立する**ことを示してくれたと思います」（米野和徳指導主事）

　国では今、新しい学力観を掲げている。「これまで基礎的な知識や技能の習得に重点が置かれていましたが、新しい学力観では、これを活用して課題を解決するための思考力、判断力、表現力など、さらに自ら学ぼうとする姿勢も学力としてとらえています。Speak Outは、その考え方にも一致したものだと思います」（同）

　さらに米野指導主事は、Speak Outが、**英語教師が本来持っている教える喜びやミッションを満たしてくれる指導法**であると感じたと語る。

第3章
Speak Out 方式のカリキュラム
～何を繰り返す？～

　鶴岡中央高等学校は山形県鶴岡市の大宝寺字日本国という1度聞いたら忘れられないような珍しい名前の場所に位置している。平成10年に鶴岡西高等学校と鶴岡家政高等学校が合併してできた単位制高校である。普通科4クラス（平成23年度入学生より3クラス）、総合学科4クラスで編成されていて、生徒数は866名、教員数は76名である。（平成24年度現在）

　普通科は2年次より人文社会コースと自然科学コースに分かれ、総合学科は2年次より国際交流系列、情報科学系列、美術・デザイン系列、社会福祉系列、家政科学系列の5系列に分かれてそれぞれの学びの特色を生かした進路指導を行っている。

　本校では「英語科」ではなく「外国語科」という名称となっている。東アジアの高校生との交流やワシントン州サムナー高校との交換留学、また21年度から23年度まで3年間三川町立横山小学校児童と合同授業を行うなど、さまざまな活動を通して海外の国々に対する理解と語学力の向上を目指している。その活動のうちほとんどは国際交流系列の生徒が対象であるが、交換留学については全校生徒対象としている。

　ALTは国際交流系列の授業で週10時間程度、普通科に対しては1年次にオーラル・コミュニケーションⅠの授業を持つので手一杯というのが現状である。

1. Speak Out 誕生まで

◎教員の多忙感→研究・実践はシンプルに！

　平成20年度の冬、その当時の本校校長より外国語科に対して、文科省による委託事業「英語教育改善のための調査研究事業」の指定校に手を挙げないかとの打診があった。その当時、我々には常に多忙感があった。科内の仕事だけでも、通常の教科指導以外に、総合学科国際交流系列生徒への指導、交換留学、21世紀東アジア青少年大交流計画（外務省）への対応、スピーチコンテスト参加指導、英検指導など科員1人1人にそれぞれ役割があり手一杯に感じていた。

　それまで市内のある高校がSELHi事業の指定を受け研究を行っていたが、はたから見ても、それはとても大変そうに見え、**遠い世界の話に感じていた**。研究・実践は大変意義があるのは重々承知であるが、一体誰がどうやってどこから手をつけるのか。疑問や不安ばかりが頭をよぎり、科内ではとても前向きに賛成できる状態ではなかった。議論を十分行う間もなかったが、文科省に計画書を提出し、それが採択され、平成21年度から研究が始まった。

　3年たった現在、本校外国語科教員の感想はどうであろう。あの時手を挙げてよかったのであろうか。おそらく科員ほとんどが"Yes, of course."と答えるであろう。この3年間が平坦な道であったわけではない。それなのになぜよかったと言えるのか。それは**生徒の変容を実感でき、それとともに我々英語教員の意識も変容し、自然に指導改善につながり、現在もまだまだ変容し続けている**からである。

　研究初年度に、何から始めたらよいかと検討する際に、全国のSELHi指定校の取り組みを調べさせていただいた。どの高校の取

り組みも大変素晴らしかった。しかし、果たして自分たちにできるのか、とついつい考えてしまった。成功例を書いてくださり大変参考になるのであるが、失敗例やこうすればよかった、というような部分をなかなか探し出すことができなかった。さまざまな研究会や学習会にもっと参加していればよかった、と後悔した。

　何かを始めたいと思ったときに、参考として**成功例だけでなく失敗例をとり混ぜながら、なぜそこに至ったのか経緯が分かるとなお頼りになる**。本書では「こうやったからうまくいった」だけでなく、「こうやったらうまくいかなかったからこうしている」などの表に出しにくい部分も出しながら我々鶴岡中央高校の取り組みについてご紹介させていただきたいと思う。授業での取り組みも、周りにいる仲間に対して成功だけを話すのでなく、失敗したこともさらけ出し、反省を踏まえた上での成功や生徒の変化を紹介しながら研究・実践を進めていけば、2人から3人、そしていつの間にか科のほとんどの先生が一緒に研究・実践を進めていく同志になってくれるのかもしれない、と感じている。

　また、本研究・実践がこれからも続いていくだろうと考える1つの理由として、「**研究・実践はシンプルに**」をキーワードとして行っているからといえる。これは、教育現場をよくご存じの金谷先生がよくおっしゃる言葉である。例えば**スピーキングの評価**を例に挙げてみよう。スピーキングは評価が大変ではないか、との質問をよくいただく。本校では**原稿と発表の2つにより、評価規準と基準※をシンプルにし、発表は時中評価（授業時間中の評価）のみ行う**。放課後にビデオを見て評価するとなると倍の時間がかかり、いくらモチベーションがあってもだんだん嫌になってしまい、取り組みが長続きしない恐れがあるためだ。

　生徒には各レッスンで評価規準と基準を提示し、到達目標を明示している。この**評価規準がそのまま本校の「CAN-DOリス**

ト」の各年次・段階での**到達目標となる**。教員が疲弊感を持たずに長続きさせることが重要ととらえている。

(※鶴岡中央高校では、「評価規準」は「評価の観点」、「評価基準」は評価するときの点数とその説明部分、「評価項目」は「評価規準」および「評価の観点」と同じ意味で使用している)

◎目指す生徒像と現実

文科省から提示された「高大連携」「他教科との連携」「学校設定科目」のいずれかを利用して発信力を身につけさせるという研究テーマを選択することになった。本校の校内外の環境から考えて、**「普通科を対象とした学校設定科目を活用したコミュニケーション能力の育成の研究」**をテーマとした。

本校は普通科4クラス、総合学科4クラスで編成されている（平成23年度入学生より普通科が4クラスから3クラスに）。それまで普通科においては4年制大学進学を目指した5教科中心の従来型の指導を行っていたが、総合学科においては、5系列の専門教科の学習の中で「調べる」、「まとめる（考える）」、「発表する」という活動を多く取り入れた生徒中心の学びが確立されていた。それゆえ、生徒の学習に対するモチベーションや姿勢に普通科と総合学科との間で徐々に差が生じ、普通科学習指導の改善が大きな課題となった。

そこで、外国語科では本校の国際交流系列生徒への指導と生徒の変容に着目した。生徒が英語を使用する場面を明確にし、生徒はその目標に向かい英語を学び、練習を重ねる。input → intake → outputの繰り返しにより4技能をバランスよく身につける指導である。そこで、学校設定科目の指導内容に国際交流系列で行っている指導を取り入れ、系列生徒を対象にパイロット検証するということで研究を進めることになった。その当時の研究テーマや研究内容は次のようなものであった。

> ### 【文科省に提出した研究テーマ・研究内容】
>
> ●**研究テーマ**
>   学校設定教科及び学校設定科目を活用したコミュニケーション能力の育成の研究
>   ―発信力、特にスピーキング力の向上を目指した教育課程、教材、指導方法の改善及び効果的なスピーキング力評価の研究―
>
> ●**目指す生徒像**
>   "グローバル・コミュニティーの中で自分の考えを論理的に表現できる生徒の育成"
>
> ●**研究内容**
> ・研究対象を現1年次生普通科生徒とする。「発信力、特にスピーキング力の向上を目指した」学校設定科目を開設し、現1年次生が2年次・3年次で履修する。
> ・現1年次生が履修する1年次から3年次までの学校設定科目以外のすべての英語の科目も研究対象とする。
> ・現2年次国際交流系列生徒を対象としてパイロット検証を行う。

　ところが、第1回目の運営指導委員会で金谷先生からは「何を研究したいのかが見えてこない」との厳しいご指摘をいただいた。まず目指す生徒像、"グローバル・コミュニティーの中で自分の考えを論理的に表現できる生徒の育成"についてである。その当時は「論理的な思考」という言葉がよく使われていた。せっかく生徒に英語で表現させるならぜひ論理的なものであってほしい、また指導すればそのような生徒が育成できると信じていた。

　しかし、「論理的な思考」の育成は、普通科で掲げる目標ではないのではないかという結論に達した。金谷先生によると、**中学必修900語ではネイティブだと3、4歳程度のことしか話せない**そうである。幼児に論理的になれというのはナンセンスであり、まず「話せない」のだから、普通科では話す機会を多くすることが大切なのではないか。

「論理的表現を使うこと」と「論理的思考をすること」はイコールではない。また、グローバル・コミュニティーで繰り広げられている会話はそもそも論理的と言えるのか。普通科は国際交流系列の生徒とは英語の単位数も異なる。論理的意見を求めるよりも、トピックについて**最初は1、2文でも2年後には1パラグラフ話せるようになればよい**のではないか、と目標を現実的なものとした。そうすることによって我々も何を行えばよいのかが明確になり、いかにして生徒に英語を使う機会を多く設けるかを考えた。

　また、その当時は、研究対象科目を「学校設定科目」を主として「それ以外の英語の全科目」としていた。今振り返ってみると、全くシンプルでないが、全科目を通して発信力を高めようと考えていた。結局**「学校設定科目」についてまず焦点をあてる**ことにした。（実際は、学校設定科目を指導することによって、「スピーキングは英語の総合的な力が必要である」ことを肌で感じ、他科目の指導方法の改善につながっている。金谷先生はこうなると分かってあえて最初はシンプルに、とおっしゃったのか。金谷先生は飲みたくない水を与えるのでなく、水が飲みたくなるようにさせるのが本当に上手だと感じている。生徒にも教員にも……）

　テーマについてはすでに文科省に提出したため変更はできないが、我々指導者の共通認識としては、論理的よりまず**話すことに慣れさせる**こと、話す場を多く設定すること、ライティングでも最初からパラグラフ・ライティングを目指すのでなく、まず**書くことに慣れさせる**こと、そのような方向で研究を進めることとなった。

◎**普通科にふさわしい科目とは**

　本校の指導の現状を考えてみると、**英語Ⅰ、Ⅱ**では1年間で教

科書1冊について指導する場合、高度な内容のinputに時間がかかるために、音読や要約文完成（日本語→英語にするまで）などのintakeまでは持っていくことはできるが、**自分の考えや意見を述べさせるoutputの時間を十分にとることができていなかった**。1つのレッスンに6時間（パート3つ）〜7時間（パート4つ）かけるとして、英文に関して自分の言葉で自分の考えを表現するようなoutput活動を行う時間は、多くても30分とれるかどうかであった。これでは決して十分とは言えない。

一方、**オーラル・コミュニケーションⅠ**では定型表現のinputが多いために自分の考えを述べるまでには届かず、**outputの質が高まりにくい**という状況であった。生徒が話す内容をもっと広げたり深めたりして質の高いものにするにはどうしたらよいだろうか。英語Ⅰ、Ⅱのようなさまざまなジャンルについて取り上げているものに関してinputを行い、かつoutputを行う時間を十分とりたい。英語Ⅰ、Ⅱとオーラル・コミュニケーションⅠが融合された「英語Ⅲ」のような科目の内容にしてはどうか、と金谷先生からご提案をいただいた。

そこで、inputにかける時間を短縮する方法を考えた。とは言っても、しっかりとした内容理解があってこそoutputの質が高まる。そういった観点から、「**前年度に学習した『英語Ⅰ、Ⅱ』の内容を、発展的なoutput活動に向けて繰り返すことによって、定着をより確かにし、また自分の意見や考えを英語で述べることができること**」を目標とした**学校設定科目Speak Out**を新設することになった。

Speak Outでは、前年度に学んだ英語Ⅰ、Ⅱの語彙や表現を自分のものにして、自分の言葉でReproductionを行えるようにする。それから今度は自分の意見や考えを表現する。どのように定着させ、そしてどのように表現させるのかを中心に、1年間かけ

ての準備が始まった。

　なお、この「繰り返し方」であるが、2年次で学習した英語Ⅱの内容をその年のうちにSpeak Out Ⅰ（2年次）で繰り返す方法も検討したが、**outputまで持っていくには1段階レベルが低いものの方がスムーズである**と判断し、前年度のものを繰り返す方法を選択した。

◎教育課程の変更と申請の中身

　2年次にSpeak OutⅠ、3年次にSpeak Out Ⅱをそれぞれ2単位設定することにより、教育課程を変更することになった。英語Ⅱとリーディングがそれまで4単位であったのを3単位にした。人文社会コースでは2年次に数学Ⅱから3年次では理科から1単位ずつ減らし、自然科学コースでは週1日7校時を設定した。

```
2年次　人文社会・自然科学コース：英語Ⅱ 4単位 ⇒ 3単位
                              Speak Out Ⅰ　2単位
       人文社会コース：数学Ⅱ 4単位 ⇒ 3単位
3年次　人文社会・自然科学コース：リーディング 4単位 ⇒ 3単位
                              Speak Out Ⅱ　2単位
       人文社会コース：課題生物/地学　3単位 ⇒ 2単位
```

　理科が1単位減ること、自然科学コースのみ週1回の7校時授業であるので、生徒会活動や部活動に影響を与えること、また、2年次には外国語科（英語）が7校時を担当するが、3年次では他教科にそれをお願いすること、何より他教科の科目が1単位減ることなど問題点はあったが、「生徒に英語力を身につけさせる」ことを学校全体の取り組みにするということで教育課程を変更することができた。（平成24年度1年次生から全員週1日7校時授業を行っている）

Speak Outの位置付け

目標
自分の意見・感想を英語で述べる

(3年次)

リーディング (3単位)

ライティング (2単位)

Speak Out II (2単位)

1st Stage　英語IIの内容定着
　　　　　Oral Summary
　　　　　(英文の内容を英語で説明する)

2nd Stage　トピックの関連知識を増やす、
　　　　　深める
　　　　　Speech、Role Play、
　　　　　Presentation、
　　　　　Skit、Debate

(2年次)

英語II (3単位)

ライティング (2単位)

Speak Out I (2単位)

1st Stage　英語Iの内容定着
　　　　　Reproduction or Oral Summary
　　　　　(英文の内容を英語で説明する)

2nd Stage　トピックの関連知識を増やす、
　　　　　深める
　　　　　Speech、Role Play、
　　　　　Presentation、
　　　　　Skit、Debate

(1年次)　英語I (3単位)　オーラル・コミュニケーションI (2単位)

2. 英文を再生できる最終タスク

　Speak Outでは各レッスンに「英文を再生できる最終タスク」を設定している。読んだり聞いたりした英文について生徒に「自分の意見・感想を英語で述べさせる」方法を考えたときに、例えば水問題についてであれば、英文を読んでそれについての意見を英語で話す（書く）となると、生徒たちは"It is important for us to ..."などとだいたい似たようなことを話し（書き）、その英文を読まなくても表現できるようなものになってしまう恐れがある。

　せっかくintakeした英文であるので、それを十分使えるように、**「学習した英文をうまく再生できるようなタスク」**を考えれば生徒が話す英語が質の高いものになるのではないだろうかと考えた。

　そこで、伝える相手がいて、学んだ英文をうまく使えるように各レッスンの最後に「最終タスク」の発表を設定することにした。例えば、水問題に関してであれば、ニュースキャスターになり「水問題の実態」について説明をする。水問題に関して、現在の状況、そして将来どうなっていくのかをinput、intakeしたものを十分駆使して説明することができる。また、最後に自分たちなりの解決方法を付け加えることによって、より自分たちの生活と関連させることができる。

　ただ単に英文を読んで感想・意見を述べさせるよりも、現実に起こっている事象等の説明を加えるので話に説得力が増す。また、教科書本文には、日本人が肉を多く消費するようになったため、牛などの餌となる穀物を外国から輸入することになり、その穀物を育てるために外国の水がたくさん使われている、という内容もある。その説明から食生活を見直そう、という生徒や地産地消の呼びかけをする生徒も出てくる。**自分が伝えることを頭にお**

いて各自の読み方で英文を読む。

　もう1つ例を出すと、animal therapyに関する英文であれば、実際にセラピストになり、施設利用希望者に対しその症状ごとに「アニマルセラピー」を紹介する。"I'm lonely,"と言う利用者に対してはdolphin therapyを、"I have bad legs,"と言う利用者に対してはhorse ridingを勧め、その効用を説明する。教科書本文の英文をただ引用するのではなく自分の言葉にして表現するというものだ。その際、必ず自分のオリジナルのアイデアも取り入れることになっている。

　最終タスクの活動内容はスピーチ、プレゼンテーション、ロールプレイ、スキット、ディベートである。英文のトピックや表現、英文のどの部分を生徒に使わせたいかを考えながら設定している。

　生徒には最終的にディスカッションを行わせたかったのであるが、日本語でもグループの意見をまとめるのは難しい上に他の生徒より数段英語力が高くなければファシリテイター役は務まらない。ディスカッションを行う際にはそのような生徒がグループに各1人いることが必要、ということで断念し、「Speak OutⅠ、Ⅱ」両方で最終的にディベートを行うことを目標に最終タスクを配列した。**ディベートでもあくまで教科書本文の表現をいかにうまく使わせるかを考えて論題を設定**する。

3. Speak Out の1レッスンの構成

　最終タスクに向け、Speak Outの各レッスンを次のような流れで指導している。以下は大まかな指導の流れである。細かい部分については第4章でふれるので参考にしていただきたい。

Speak Outの1レッスンの基本的な進め方をまとめると下図のようになる。

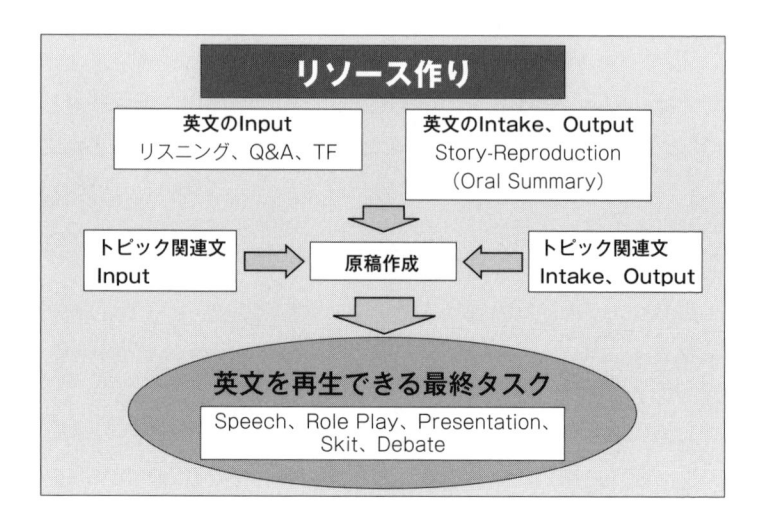

```
┌─────────────────────────────────────────────┐
│              リソース作り                    │
│                                              │
│   ┌──────────────┐   ┌──────────────────┐   │
│   │  英文のInput  │   │ 英文のIntake、Output│   │
│   │リスニング、Q&A、TF│   │Story-Reproduction│   │
│   │              │   │  (Oral Summary)  │   │
│   └──────────────┘   └──────────────────┘   │
│              ↓           ↓                   │
│  ┌────────────┐  ┌──────┐  ┌──────────────┐│
│  │トピック関連文│→│原稿作成│←│トピック関連文 ││
│  │   Input    │  │      │  │Intake、Output││
│  └────────────┘  └──────┘  └──────────────┘│
│                     ↓                        │
│         ╭──────────────────────╮            │
│         │ 英文を再生できる最終タスク │            │
│         │ Speech、Role Play、    │            │
│         │ Presentation、        │            │
│         │  Skit、Debate         │            │
│         ╰──────────────────────╯            │
└─────────────────────────────────────────────┘
```

◎1レッスンの流れ（約7時間配当）

Day 1	語彙・内容確認（Listening・Reading）
Day 2、3	要約文完成・口頭練習、Story-Reproduction発表
Day 4、5	最終タスクに向けての原稿作成 1st draft、2nd draft
Day 6	最終タスク発表リハーサル
Day 7	最終タスク発表会（ビデオ撮影）

Day 1 〜 3	本文の内容の復習・定着を図る活動

Day 1	内容確認リスニング、語彙確認、内容確認リーディング
Day 2	要約文完成、要約文の口頭練習（日本語→英語にできるまで）、Story-Reproduction練習
Day 3	Story-Reproduction発表

【Day 1】語彙・内容確認（Listening・Reading）

教科書の英文にふれるのが2回目なので、生徒にとっては英文に対するハードルが低くなる。Speak Outの授業の最初から、本文全体を通して、英文を見ずにリスニングによる内容理解を行うことができる。本校生徒の場合、1年目であれば、本文全体の内容理解・確認のための活動に最低3時間はかけるが、2年目は1時間でできる。

【Day 2、3】要約文完成・口頭練習、Story-Reproduction発表

Day 2では、穴埋めした要約文を音読練習し、次に日本語要約文を英語にできるようにRead & Look upなどを行いながら口頭練習し、レッスンが進むにつれ徐々にOral Summaryができるように指導を行う。なお、平成22年度は、Day 1で要約文の穴埋めを行っていたが、語彙・内容確認に十分時間をかけたいという理由から、平成23年度はDay 2で要約文穴埋めを行った。

次にカードを使用しながら全体でStory-Reproductionの練習を行い、その後ワークシートを使用してペアや個人で練習を行う（『SELHiに見る「授業改善の工夫」〜英語1：授業手順のパターン化を目指す取り組み〜』[DVD6枚組、ジャパンライム]を参考にした）。

Day 3ではStory-Reproductionの発表を全員が行う。input、intakeしたものを1度人前で発表するというのも定着につながった。発表活動がなくてもReproductionができる生徒が多い学校であればDay 2の練習まででよいかもしれない。本校生徒にとっては、**発表があるから練習に熱が入り定着につながる**面もあるので、ここで発表を取り入れて行ってみた。

また、自分が発表し、他の生徒の発表を聞くので、だいたい同じ表現を19回聞く（クラスサイズはホームルームのクラスを2つ

に分けた20名）ことになる。定着につながるだけでなく、他の生徒の間違いに気づいたり、工夫した表現を聞いたりなど、聞く側の姿勢もできてきた。

Day 4～7　最終タスクに向けた活動をペアやグループで行う

Day 4　最終タスクに向けての原稿作成 1st draft（教師による添削）
Day 5　最終タスクに向けての原稿作成 2nd draft、練習
Day 6　最終タスク発表リハーサル（教師に向けて）
Day 7　最終タスク発表会（ビデオ撮影）、振り返りシート記入

【Day 4、5】最終タスクに向けての原稿作成 1st draft、2nd draft

　最終タスクに向けて原稿を書くために再度英文を読むことになる。水問題であれば、「水の使い方について考えよう」、「地産地消」、「肉より野菜を食べよう」など何通りかでアプローチできる英文になっているので、自分の発表内容によって英文の読み方も変わる。また、どれがトピックセンテンスでどれがサポートセンテンスだと指導しなくても、**自分が伝えるとなると文と文のつながり、段落と段落のつながりを自ら考えて読む**ようになる。

　また、生徒は、そのまま英文を写すのではなく、本文が伝える内容を、本文で使われている表現・構文に加えて自分の言葉もうまく使いながら原稿を作成する。Speak Out Ⅰの授業では、次第に並行して履修している英語Ⅱやライティングなどの科目で学習した表現を使用する生徒も出てきた。原稿は教員が添削しリライトさせる。英文を読むこと、書くことが生徒にとっては最終タスクに向けて自ら進んでやりたいこととなっているのだ。

【Day 6】最終タスク発表リハーサル

　この活動は当初予定していなかったものであるが、**発表に対す**

る生徒の心理的負担を減らし、生徒に自信をつけてDay 7に臨んでもらうように実施している。人前で話すことでかえって自信をなくすような結果にならないようにする配慮であった。

ここでは、教室の端や外で教員が発表リハーサルを見てアドバイスをする。Speak Out Ⅰの最初の発表では、生徒の発表を数分ビデオに撮り、その場で生徒に見せて改善方法を考えさせたりする。教員からのアドバイスも生徒自身の映像を使うと効果的である。

【Day 7】最終タスク発表会（ビデオ撮影）

発表は必ずビデオに撮る。次の学年の生徒に最終タスクに入る前に見せ、イメージしやすいようにしたり、生徒たちに他クラスの発表を見せたり、英語Ⅰや英語Ⅱの授業の前に、来年こんなことをするのだというイメージや心構えを持ってもらうために使用する（リスニング活動にもなる）。

また、次年度に教員の評価者間研修を行う際に使用したり、生徒の発表における変化を把握したりするなど、**生徒の発表を映したビデオは我々教員の宝物**となっている。発表の何カ月か後に、自分たちが成功した発表や力を入れた発表をもう1度見たい、と生徒にリクエストされる場合もある。

4. どのレッスンでどんな最終タスク？

◎最終タスクの基本

先ほど述べたように、最終タスクを考える際には、「**input、intakeした英文を生徒がうまく使えること**」を重視する。本文を読まなくても話す（書く）ことができるようなタスクは適切でないが、本文に関連したトピックでも、調べることが多いタスクはあまり適切ではない。

例えば、我々も最初は最終タスクについて考えるときに、「漫画家手塚治虫氏」についての英文であれば、関連したトピックで、「世界で活躍する著名な日本人について自分で調べ、プレゼンテーションを行う」などの方法を考えた。しかし、そうすると生徒は熱心に本や雑誌、インターネットで調べるであろうが、本文で学習した表現を利用するのが難しいのである。

　また、あまり自由度を上げてしまうと、インターネットの日本語サイトを参照してそのまま英訳しようとしたり、または翻訳ソフトを使ったり、調べながら他のことに没頭してしまったりなどの問題点が出てくる可能性がある。誰を紹介するか選ぶだけで時間がかかる。選んだり調べたりすることに時間をかけるより、最終タスクに向けての練習に時間をかけたい。

◎output活動とレッスンの関連

　どのレッスンでどのようなoutput活動を行うことができるかの検討が始まった。外国語科（英語）全員にアンケートをとり、各レッスンに適したスピーキング活動とその内容を記入してもらい、それを参考に検討した。まず考えたのはスピーキング活動の配列である。**覚えたことを発表するものから徐々にインタラクティブな活動を設定し、総合的な力が必要であるディベートを年度の最後に持ってくる**ことにした。

　レッスンの配列は、教科書の掲載順ではなく、「活動に向いている英文の順番」である。**英語ⅠやⅡの教科書の英文でディベートやスキットに向いているものは少ない**ように思える。そういった点から**最初にディベートができそうな英文を選び、次にスキットができそうな英文を選んだ**。

　ディベートに関しては、生徒にとってより身近な題材を選んだ。使用教科書*Big Dipper English Course I*（数研出版）の

Speak Out Ⅰ 最終タスクの内容

月	最終タスクの内容	活動
4月	自己紹介スピーチ	Show & Tell
5月	Lesson 1　Smile! 最近笑顔が見られない人に、「笑いの効果」について説明する。	プレゼンテーション
6月	Lesson 4　Animal Therapy アニマルセラピーを取り入れた施設の職員になり、施設利用希望者に対し「アニマルセラピー」を紹介する。	ロールプレイ プレゼンテーション
7、8月	Lesson 3　Art Is Life トーク番組で司会者と手塚治虫に分かれて番組収録を行う。	ロールプレイ インタビュー
9月	Lesson 6　Water of Life ニュースキャスターになり「水問題の実態」について説明をする。	ロールプレイ プレゼンテーション
10月	Lesson 9　Hana's Suitcase 本文をもとに台本を作成し、スキットを行う。	スキット
11、12月	Lesson 8　The Secret of the Arch 科学の先生になり、中学生に「アーチ」について分かりやすく授業をする。	プレゼンテーション
1月	Lesson 5　Dreams Are for Everyone 自分のモットーについて述べ、他者のものを聞き手に伝える。	レポーティング
2月	Lesson 2　Fast Food ファーストフードを論題にしたディベートを行う。	ディベート

使用教科書 *Big Dipper English Course I* (数研出版、平成20年発行)

"Lesson 2: Fast Food"の最終タスクをディベートにすると決めたのであるが、ディベートの論題をある程度検討して可能かどうか考えた。最初に考えた論題は「ファーストフードかスローフードか」。スローフードについての英文も探せばあるので何とかできるのではないかということになった。(実際は、家庭で食事を作っている生徒は少ないであろうから、高校生にとってはスローフードという言葉はピンと来ないのではないか、ということで"Fast food is good for our lives,"という論題にした。場面設定は第4章で扱う)

　ディベートが上手にできる力を育てるということが主眼ではなく、**ディベートは最終タスクの1つであり、そうした枠組みを使って生徒が自由に話すことが重要**だととらえている。

　次に**スキット**である。会話文になっている英文は1つもなかったので、ALTに会話文に書き直してもらうか、またはナレーションや会話を生徒が考えることになる(実際は後者で行った)。**英文から情景や登場人物の気持ちを想像してせりふを考えることができるもの**はどれか。"Lesson 9: Hana's Suitcase"は、第2次世界大戦中のアウシュビッツ強制収容所の話である。決して生徒が行うスキットに最適とは言えなかった。生徒が得意な"笑いをとる"場面が見当たらない。しかし、教科書の10あるレッスンの中では上記の太字の点から1番スキットに向いていたし、実際生徒がやってみると感情を出しやすくうまくいった。

　そしてインタラクティブな活動で**インタビュー**である。"Lesson 3: Art Is Life"では、漫画家手塚治虫が医学生の時に医者になるか漫画家になるか苦悩した結果、漫画家になり亡くなるまで描き続けたという内容である。このレッスンは、スキットにするか迷ったが、登場人物が少ないこと、生徒たちみんなが同じせりふを考えそうなことからプレゼンテーションにしようかと考えた。

しかし、実際にSpeak OutⅠを指導し、生徒がoutput活動を行うのを見ていると、**ディベート活動の前にもう少しインタラクティブな活動を入れる必要がある**と考え、インタビュー活動を設定することにした。トーク番組で司会者と手塚治虫さんに分かれて番組収録を行うという最終タスクになった。

最終タスク（Day 4 ～ 7）やそこに至るまで（Day 1 ～ 3）の指導方法については、Speak Outの指導が始まるおよそ半年前から準備したが、実際にSpeak Outの指導を進めていくと、生徒の定着の状況などにより最終タスクの内容が変わることがあったので、研究2年目の平成22年度は4月からかなりばたばたした。

5. 英文トピックの背景知識の増強

生徒が話す英文を、きちんと理解した上で自分のものにして発表できるようになってきたら、英文トピックの知識を広げ、また深めるために、Day 3とDay 4の活動の間、最終タスクの原稿作成に入る前に次のような活動を入れる。

英語Ⅰ、Ⅱのトピックに関連した英文の学習
○トピック関連英文の内容把握（読んだり、聞いたり、英語のDVDを見たりなど）
○トピック関連英文の語彙と表現のinput、intake（最初は穴埋め要約文の完成、2年次後半から要約文作成）

これはディベートの際に有効である。詳しくは第4章でふれるが（p. 129 Reading for the Debate参照。Lesson 2: Fast Foodでは、最終タスクの原稿作成に入る前のDay 7にこの活動を入れている）、**本文をinput、intakeした上でさらに論題に関する初見の英文を読んで理解するだけでなく、intakeまで行ってディベート**

に臨むと、相手の論点を押さえたことを述べることができる。

　生徒のレベルに合った関連英文を探すのはなかなか大変である。例えばインターネットから探したもので生徒にとっては難易度が高いものを、ALTにリライトしてもらったり縮約版を作ってもらったりする。その際、Speak OutⅠであれば、関連英文も英語Ⅰの難易度になるようにALTにリライトしてもらう。ただし、新たな読み物を与える場合、良いものを提供できれば生徒にとっては好影響になるが、他の物を読ませるとそれが生徒の負担になり、結果的に不完全燃焼になる場合もあるので注意が必要である。

6. 2回目で飽きないか

　「Speak Outで2度教科書を学習することについて生徒はどう反応しているか。またやるのかという声は出ないか」という質問をいただく。先ほど述べたように、**1年目（英語Ⅰ、Ⅱ）はinput、intake中心であり、2年目（Speak Out）はoutput活動に向かって内容確認を行い、1回目とは活動も異なってくるので、飽きることはない**ようである。

　また、教師は同じレッスンを複数クラスに教えるのに対し、生徒は1つの英文を何十回も読むわけではないので（理想的にはそうであればよいのだが）、残念ながら、教師が思うほど生徒に英語は身についていないようである。1年目で本文のReproductionができるほどの力を持つ生徒であれば、2年目のinputやintakeにかける時間をさらに短縮すればよい。そういった生徒であれば**outputの場を設定することで、さらに読みも深くなり、「話す力」だけでなく、「読む」、「書く」、「聞く」力にも大きな効果がある**と考える。

7. レッスンプラン作成者

　Speak Out Ⅰ担当者が、**1人あたり1～3レッスンを分担してレッスンプランを作成**した。次年度のSpeak Out ⅡについてもSpeak Out指導経験者がレッスンプランを作成しつつ、Speak Out Ⅰについても前年度の反省を踏まえて手直しを行った。**各レッスンの担当者が原案を作り、担当者が集まり主に最終タスクについて相談**をした。この相談が夕方に始まるのだが、7時を過ぎたあたりからみんな面白くなってきて、アイデアがどんどん出てきて笑いながら話し合ったのを今でも思い出す。

　Speak Outの指導が始まると、**生徒への定着の大切さをあらためて実感し、英語で言えない→定着していない、というとらえ方ができたため、そういった観点から他科目の指導方法にも改善を加えた**。それぞれの科目の指導法やハンドアウト等も改善しながらのSpeak Outということで自転車操業であったため、決して平坦な道のりではなかった。よくやったなあと今でも思う。なぜできたのだろうか。それは、繰り返しになるが**生徒の変化が目に見えた**からである。Speak Outの毎時間の生徒の変化がとても新鮮で、こんな表現が使えるようになった、こんな読み方ができるようになった、と担当者同士で話をする機会が増えていった。

　また、4つのホームルームのクラスを2つに分け8クラスでSpeak Outの授業を行ったこともよかった。**8クラス全く同じハンドアウトを使用するため、指導者が異なっても指導の柱は同じ**である。これにより、教える教員によって出来上がる生徒が違ってしまうという、高校の**1学年を複数の教員が教える形態のデメリットは克服できた**。そこから、他科目でも指導の統一が図られ、昔ながらの訳読式の授業は一掃されたと言える。

8. 指導形態・ペアの構成

　クラスは、ホームルームのクラスを出席番号順に機械的に20名ずつに分けている。前年度、オーラル・コミュニケーションⅠでは、2クラス80名を3つに分けて1クラス26名で指導していたが、生徒1人1人の伝えたいことや表現が異なるため、原稿チェックや発表練習の指導を行うことを考えると、本校では20名が適当なクラスサイズであった。

　授業は日本人教師がほぼ英語で進めるが、生徒の原稿について指導する際などは日本語も使用し、生徒の理解に無理のない形で行っている。ペアの構成については、生徒の力や性格をかんがみて教師側が意図的に組んだり、くじ引きなどで決めたりしている。なお、ALTには、イレギュラーでティームティーチングをしてもらったり、教員が作成したレッスンプランやハンドアウトの英語表現をチェックしてもらったり、題材となるテキストのリライトをしてもらったりしている。

9. 評価

◎何を評価するか

　Day 1～7のうちどの部分を評価したらよいか。定期テストを行うべきか議論した結果、**最終タスクの「原稿」と「発表」**の2つに対して評価を行い成績とすることにした。語彙テストや内容把握のテストはなくてよいのか最初は心配もあった。それぞれ確認のテストを行って、生徒がしっかり点数をとれば生徒に語彙の定着が見られ内容もよく理解していると、教員側も安心できる。

　しかし、内容をよく理解していなければ人をうならせるような原稿を書くことはできないし、理解した上での発表なので発表を

見れば語彙の定着や内容を本人が理解しているかが分かる。また、英語Ⅱやライティングなどの科目もあるので、小テストを増やしても生徒が不完全燃焼を起こしてしまうという恐れもある。

そういったことから、Speak Outにおいては**自分の言葉として話しているかどうか**ということを基準として指導と評価を行っている。

◎評価（ものさし）はシンプルに

原稿はVolume（語数）とContent（内容）で評価し、p. 53でも述べたように、**発表は評価規準と基準をシンプルにし、時中評価のみ行う**。発表が終わったら学校のLAN（コンピューターネットワーク）の評価シートに入力するだけである。生徒には各レッスンで評価規準と基準を提示し、到達目標を明示している。

留意すべき点は、**複数教員が評価してもぶれないように評価者間研修を行った**ことである。行ってみると教員によってぶれは結構あるものである。この評価者間研修も、ぶれが出そうな場合にしようと声を出せば、みんな嫌がらずにやってくれる。評価者間研修はSpeak Outについては年2、3回、本校独自のスピーキングテストについては、このテストを行う前に行った。Speak Outの1回り目（平成21年度入学生のSpeak Out Ⅰ、Ⅱ学習時）では、生徒の定着の状況を見て評価基準も変えていった。

10. Speak Out Ⅱ

3年次のSpeak Out Ⅱでは**英語Ⅱの内容を発展的に繰り返す**ことをねらいとした。Speak Out Ⅰと方法が変わるのではなく、扱う題材のレベルが上がるという位置付けである。教科書の内容が難しくなるのに加えてタスクも難しくすると、二重に難しくなる

ので、Speak Out Ⅰ とタスクを同じにすることにした。

　問題は生徒全員を対象に1月までSpeak Out Ⅱの授業を行うべきか、ということであった。受験生に対してはどう対処すべきか。通年でやる必要が本当にあるのか？　Speak Outは発表のために授業以外での準備が必要になり、3年生のある時期からは負担になる恐れがある。ということで、**最後の半年は、仕上げとして受験に向けての指導・学習をする。それ以前は、4技能を網羅した基礎力養成を徹底的に行う**ことが重要であるという結論に達し、10月後半から、Speak Out Ⅱでは進路別クラスに分かれて指導を行うことになった。

11. 使用教科書と準備期間

◎効果的な指導のために

　それまではだいたい教科書を3年使用したら別の教科書に変えるというのが、ある時からの本校の外国語科の決まりごとのようになっていた。英文の和訳や副教材の解答を先輩から入手する生徒がいるということもその理由の1つであった。今考えると和訳があるからといって、生徒が英語を使えるようになる授業をしていれば何も怖いものはないはずなのだが……。

　研究1年目の6月に次年度で使用する教科書を選定する際に、その当時使用していた教科書が採用してから3年以上たつということもあり、最終タスクを考えやすいような英文を多く扱っている別の教科書を使用することも考えた。ところが、いざ次年度の最終タスクを検討してみると意外と（いや予想通り？）最終タスクの設定とハンドアウト作りに手間がかかった。**教科書が変わると1度作ったレッスンプランやハンドアウトを作り直さなければならない**ということ、また、1回りSpeak Outをやってみて2回り目

に生かすことができないということを憂慮して、それまでと同じ教科書を継続して使用することにした。

また、今回Speak Outを指導してみて、**教材（教科書）のレベルが生徒にとってあまり高いものであるとスピーキング活動はうまくいかない**と感じている。逆に言えば、**教科書のレベルを生徒に合わせることによって、スピーキング活動の幅が広がる**と言える。現在使用している教科書の難易度のレベルを下げることは大変勇気がいるものであるが、実際生徒に定着しなければ果たしてそれを使い続けることに意味があるのだろうか。

◎準備期間はたっぷりと

過去SELHi指定校の研究実践では、準備期間がなく、文科省から指定を受けてすぐ検証しなければならず、教員にも生徒にもかなりの負担であったと聞いている。

このことから、研究対象は1年次生であるが、その生徒たちが2年次生になって設定する科目であれば、1年間かけて準備ができるのではないかと考え、1年目はじっくり検証しながら次年度に向けて計画を立てる準備期間とすることにした。これが功を奏し、**1年目に英語Ⅰ、オーラル・コミュニケーションⅠで素地作りをし、2年目の学校設定科目にスムーズに取り組むことができた**と感じている。

12. Speak Out導入にあたっての留意点

Speak Outの導入をスムーズに行うために、1年次の指導で次のようなことに留意した。

英語 I

『和訳先渡し授業の試み』(金谷憲、高知県高校授業研究プロジェクト・チーム共著／三省堂)を参考に、「和訳先渡し」を取り入れた指導を行った。その結果、**さまざまなタスクを通じて英文を読んだり聞いたりする回数を多くし、英語が頭に残るような授業を行うことができた**。ただ、和訳が手元にあると、それだけで英文のすべてを理解したような気になってしまう生徒が見られたり、日本語の意訳に引っ張られて英文の構造を理解しないまま頭に入れてしまうことがあったりしたので、和訳を渡さずに、同書で紹介されているタスクのうち、Q&Aや文章の並べ替え、タイトリングなどを通して内容把握を行った。また、語彙指導、穴埋め要約文完成とそれを使ったintake活動、音読指導を重点的に行い、英語を人前で話すことに慣れ、自信が持てるように英語を話す場を多く設けた。

オーラル・コミュニケーション I

読み手や聞き手を意識して書く、話すことに慣れるよう指導を行った。毎時間授業の最初の10分で行わせたエッセイライティングでは、読み手は**教員だけでなく生徒間でも回し読み**をする。1st draftで教師が書き込むのは、生徒の書きたいことがさらに広がる(深まる)ように、"Why?" "How?" "What?"を中心とした質問や、教師の感想等のコメントなど。エラーチェックに重点を置かず、ここでは生徒が**英文を書くことに抵抗がなくなること、英語で表現したいと感じさせること**をねらいとした。

それでも教師の書き込みが多いほど生徒の気持ちは萎えるようである。教員の添削のみでは、ライティング能力の伸びはあまり変化しないとの研究データもある。エッセイライティングを行った年次(平成21年度入学生)は、行わなかった年次(平成22年度

入学生）に比べて、**Speak Outで使用する英語表現の多様さ**が見受けられた。さらに、リソースはまだないが、Speak Outで行うスピーキング活動を一通り行い、活動に慣れさせた。

　また、エッセイライティングの際に、教師が何クラス分も毎回チェックし、コメントを付けるのは大変な負担である。生徒同士で見させてコメントを書かせてみるなど、活動を続けるにはそういった工夫も必要であった。**生徒同士でチェックすると教師1人が見るよりも「読み手を意識して」書くようになる**。また初回に生徒と先生は**最も大切なこと1つしかチェックしない、1つしかコメントを書かない**、と約束しておく等の方法がある。ライティング力を上げるにはリライトさせるのが一番なので、教師は生徒のモチベーションを保ち続けるためにコメントを加えるといった気持ちでよいのかもしれない。**チェックする点を1つに絞る方が、生徒も前回何をチェックされたのかよく覚えている。**

13. 英語学習に対する意識調査

　生徒の英語学習に対する意識の変容をとらえるために、「英語学習に対する意識調査」を行った。入学生に対して4月に行うことが理想であったが、試行錯誤して完成したのは5月であった。1年目は5月とその年の2月に、その後は年1回2月に調査を行った。質問項目については他校のものも見てみたが、結局本校が行おうとしている研究が生徒の意識にどう反映されているかを知りたかったので、白紙の状態からのスタートであった。スピーキングテストもそうであるが、最初は他校の例など、何かを参考にしてやってみても、結局自分たちにより合うものにしていくので、ほぼ白紙の状態から再スタートである。しかし、1つ1つ実践することの意味を考えて行うので、この遠回りも有意義なものだと感じている。

英語学習に対する意識調査

0 はじめに：回答はすべてマークカードにマークしてください。
マークカード左側の「学生番号」の欄の左端の4ケタに「年次・クラス・例：2年5組3番 → 2503とマークする。点線の左側へ！ 右側の4ケタは

		A
1	英語は好きですか？	好き
2	英語で最も好きな分野は何ですか？（＊どれか1つ選ぶ）	英語を話すこと
3	英語は得意ですか？	得意
4	英語で最も得意な分野は何ですか？（＊どれか1つ選ぶ）	英語を話すこと
5	英語学習で苦手な分野は何ですか？（＊どれか1つ選ぶ）	英語を話すこと
6	英語の授業は理解できていますか？	理解している（90％以上）
7	あなたは英語で人と話すことに抵抗がありますか？	抵抗がない
8	7で「抵抗がある」と答えた人のみに質問します。その理由は何ですか？	言いたいことが浮かばない
9	あなたは日本語で人前で話すことに抵抗がありますか？	抵抗がない
10	あなたは英語で人前で話すことに抵抗がありますか？	抵抗がない
11	あなたは英語で文章を書くことに抵抗がありますか？	抵抗がない
12	11で「抵抗がある」と答えた人のみに質問します。その理由は何ですか？	書きたいことが浮かばない
13	これから最も自分が伸ばしたいと思っている英語の力は何ですか？（＊複数回答可）	英語を話すこと
14	英語でのスピーチ（人前で話すこと）について	スムーズにできる
15	英語でのプレゼンテーション（人前で発表すること）について	スムーズにできる
16	英語でのディスカッション（話し合い）について	スムーズにできる
17	英語でのディベート（賛成、反対に分かれてする試合形式の討議）について	スムーズにできる
18	あなたは英語を学ぶことの効果は何だと思いますか？（＊最も近いものを1つ選ぶ）	世界中の人々と英語を通じて交流できる
19	あなた自身の将来には英語は必要だと思いますか？	かなり必要だと思う

自由記述：英語で難しいと思うのはどんなところですか。→マークカードの裏側に

出席番号」の数字をマークし、「氏名」を記入してください。
空欄に。

B	C	D
どちらかというと好き	どちらかというと好きでない	嫌い
英語を読むこと	英語を書くこと	英語を聞くこと
どちらかというと得意	どちらかというと得意でない	得意でない
英語を読むこと	英語を書くこと	英語を聞くこと
英語を読むこと	英語を書くこと	英語を聞くこと
だいたい理解している（60%〜90%未満）	あまり理解していない（30%〜60%未満）	理解していない（30%未満）
どちらかというと抵抗がない	どちらかというと抵抗がある	抵抗がある
単語が出てこない	文にするのが苦手	英語を発音するのが恥ずかしい
どちらかというと抵抗がない	どちらかというと抵抗がある	抵抗がある
どちらかというと抵抗がない	どちらかというと抵抗がある	抵抗がある
どちらかというと抵抗がない	どちらかというと抵抗がある	抵抗がある
単語が分からない	文が作れない	文章全体の構成の仕方が分からない
英語を読むこと	英語を書くこと	英語を聞くこと
どちらかというとスムーズにできる	スムーズにできない	やったことがないので分からない
どちらかというとスムーズにできる	スムーズにできない	やったことがないので分からない
どちらかというとスムーズにできる	スムーズにできない	やったことがないので分からない
どちらかというとスムーズにできる	スムーズにできない	やったことがないので分からない
将来、自分の職業上役に立つ	大学等の受験に立ち向かう英語力をつける	さまざまな教養をさらに深められる
必要だと思う	あまり必要でないと思う	必要ではないと思う

記入してください。

14. スピーキングテスト

　本校では生徒の英語能力を判定するのにGTEC for STUDENTS（ベネッセコーポレーション）を採用したが、3技能（リーディング、ライティング、リスニング）しか測ることができなかったため、独自のスピーキングテストを作成し下記のように実施してきた。そこに至るまでには次のようにさまざま検討を行った。

> - **方法**：面接官との1対1のインタビューテスト
> - **実施回数・時期**：1年次生　2回（10月、2月）
>   　　　　　　　　　2年次生　1回（2月）
>   　　　　　　　　　3年次生　1回（10月）
> - スピーキングテストの信頼性を向上させるための評価者間研修を行う。

◎サンプリングか、全員対象か

　当初、面接官との1対1の直接テストとLL教室を使用した半直接テストの2種類を行うことが可能か検討した。録音してあとから40人分を評価するとなると時間がかかり長続きしない恐れがあるので、1クラスを数名の教師が担当する**1対1の直接テストを行う**ことにした。また、スピーキングテストを、「生徒が英語を話す機会を多くする場」、「普段学習したことを発揮する場」ととらえ、抽出ではなく全員対象とした。160名に対して行うことを考えて、1人2分程度で行うことが可能なテストの内容を考えることにした。（1クラス分の時間は、教室の出入りを含めて1人3分で1クラス40名だと120分、それを3人の面接官で対応すると、1面接官あたり40分となる。実施にあたっての説明や自習の指示も含め50分で済む）

◎外部テスト

信頼性があり学力の伸びが分かる英検(日本英語検定協会)を全員に受験させることを検討したが、受験級によって受験料に差があることや、2次試験までたどりつかない生徒もいるために断念。TSST(アルク)や英語能力判定テスト(日本英語検定協会)についても検討したが、経費の面で生徒の負担が大きいために、独自のテストを作成することにした。

◎テストの質問内容

スピーキング力とは1つのトピックについてたくさん話せる力なのか、それともいろいろなトピックについて話せる力なのか。何でもいいから話せるのか、求められる内容を答えられるのかで力は異なる。また、3年間使えるスピーキングテストを作るにはどうしたらよいのか。

同じ質問項目だと問題があるが、違っても評価に問題が出てくる。それぞれメリット、デメリットがあるし、質的に同じ質問を作るのは不可能である。教員が描いたイラストを使う問題も作成したが、毎回イラストを変えて行うのは難易度を同じにするのが大変困難である。では、全く同じ質問を3年間繰り返すのはどうだろうか。

"Please tell me about yourself."

これだと自己紹介ではあるが、年次を追って自分が興味を持っていることについて話を広げたり深めたりすることができる。例えばサッカー部員であれば最初は自分の所属するチームについて、好きなチームについて→日本のサッカーチームと海外のサッカーチームについて、日本人が海外でプレーすることについて、好きな選手についてその理由や生き方について、とだんだん話す内容を広げ深めることができる。好きな教科について話すのであ

れば最初は世界史が好きだ→歴史の説明、などである。**まずはあるトピックについて量的に語れるようになれば、スピーキング力が伸びたと評価してよい**のではないか。

◎テストの回数や時間

　スピーキング力を伸ばすには、日頃からインタビューテスト形式の活動を多く行うのがよいのではないかと考え、年に4回×3年＝12回の実施を考えた。しかし、50分の授業内で行うためには1クラスにつき数名の教員が試験官となることが必要なこと、またスピーキングは短期的に伸びが見られるものではないことから、定点観測としては1年次で年2回、2・3年次で年1回ずつの実施となった。

◎評価

　他科目では、音読テスト、レシテーションテストなどを行い成績に入れている。しかし、このスピーキングテストは**定点観測として行うので成績に入れない**。評価規準・基準は、最初は英検の評価を参考に作成した。しかし、それでは細か過ぎてその場で評価を済ませるのが困難なので、その場で評価できる簡潔なものに変更した。評価の段階は、印象点で「とても良い」・「良い」・「良くない」の3段階程度が妥当だろう。評価基準がシンプルな分、生徒の答える様子を映したビデオを見ながらの評価者間研修で、この場合は何点などとすりあわせを行う。

　なお、テストは指導の一環と考え、内容も毎回同じであるため、その手順や評価規準・基準を記載したプリント（pp. 83-86参照）は事前に生徒に配布している。

平成21年10月に実施した第1回スピーキングテスト

スピーキングテスト事前指導プリント（平成21年10月実施）
【方法・内容】
①面接官との1対1のテストを行う。
②Warming-upについては、応答までの時間を10秒程度とし、それ以上は次の質問に移行する。
　ⅰ、ⅱの解答時間については、以下のようにする。
　ⅰ⇒解答時間1分30秒　　ⅱ⇒考える時間30秒、解答時間1分
③コミュニケーションをとろうとする態度という観点から聞き返しは1回まで行ってもよい。Could you repeat the question?

【Questions】
Warming-up　2問選んで行う。発音・イントネーションのみ評価に入れる。

・What is your name?
・Who is your homeroom teacher?
・When is your birthday?
・Where do you live?

ⅰ　Please tell me about yourself.
ⅱ　Please explain the situation in these two pictures.

①　②

＊特にⅰについては以下の点に注意して答えること。

1つの事柄について、内容に深まりがあるかどうか。

（例）I like ＿＿＿＿＿＿＿＿ .
　　　My favorite ＿＿＿＿＿＿ is ＿＿＿＿＿＿＿ .
　　　Because　　　　～　　　　　　.

第3章　Speak Out方式のカリキュラム　83

平成21年10月に実施した第1回スピーキングテストの評価規準・基準を記載したプリント

Speaking Test Evaluation Sheet
●発音、イントネーションの正確さ（3点）（総合）

評点	評価基準
3	英語らしい発音とイントネーションで、流暢に発話している。
2	英語らしい発音とイントネーションだが、流暢さに欠ける。
1	発音とイントネーションに日本語らしさが残り、流暢さに欠ける。
0	情報量が少な過ぎて評価できない。

Score

●内容（5点＊2問＝10点）

評点	評価基準
5	質問に対して適切に発話しており、情報量も十分である。また、内容に深まりがある。文法の誤りがほとんどなく、意味が完全に伝わる。
4	質問に対して適切に発話しており、情報量も十分である。また、内容に深まりがある。文法の誤りが見られるが、意味は伝わる。
3	質問に対して適切に発話しており、情報量も十分である。しかし、内容に深まりがない。小さな文法の誤りが見られるが、意味は伝わる。
2	質問に対して適切に発話しているが、情報量に乏しい。初歩的な文法の誤りが見られるが、意味は伝わる。
1	質問に対して適切に発話していない。情報量に乏しく、また、意味が伝わらない。
0	無言。全く答えられない。

Score i　　Score ii

●アティテュード（3点）（総合）

「コミュニケーションを図ろうとする態度・意欲」を次の項目で総合的に判断します。
①積極性　　　　：自分の言葉を理解してもらおうと十分に自己表現し、コミュニケーションを持続させようとする意欲を評価します。
②音声の明瞭さ：適切な大きさの声で明瞭に応答しているかを評価します。
③反応の自然さ：自然な流れを損なわないスムーズな対応ができているかを評価します。

評点	評価基準
3	評価項目をほぼ満たし、自然な態度でコミュニケーションを図っている。
2	評価項目にやや不満はあるが、何とかコミュニケーションを図っている。
1	評価項目にかなり不満があり、コミュニケーションを図ろうとする態度が乏しい。
0	沈黙が多く、コミュニケーションを図ろうとする態度がほとんど見られない。

Score

評価者（　　　　　　　　　　　　　　　　　　　　　　　　　）

平成24年現在実施しているスピーキングテスト

スピーキングテスト　事前指導プリント

【方法・内容】
①面接官との1対1のテスト
② Warming-up については応答までの時間を10秒程度とし、それ以上は次の質問に移行する。
　　i の解答時間については、以下のようにする。
　　　　i ⇒解答時間1分30秒
③コミュニケーションをとろうとする態度という観点から、聞き返しは1回まで行ってもよい。
　　cf. Could you repeat your question?

【Questions】
Warming-up　2問選んで行う。評価には入れない。
・What is your name?
・Who is your homeroom teacher?
・When is your birthday?
・Where do you live?

　i Please tell me about yourself.

＊特に i については以下の点に注意して答えること

　1つの事柄についてのみ、内容を深めて述べること

（例）I like ＿＿＿＿＿＿.
　　My favorite ＿＿＿＿＿＿＿ is ＿＿＿＿＿＿＿＿.
　　＿＿＿＿＿＿＿＿＿＿ because ＿＿＿＿＿＿＿＿.

平成24年現在実施しているスピーキングテストの評価規準・基準を記載したプリント

【評価について】6点満点

●分量（3点）

評点	評価基準
3	制限時間をほぼ満たし、流暢に発話している。
2	やや沈黙が見られる。
1	沈黙が多く、情報量に乏しい。
0	無言。全く答えられない。

●内容（3点）

評点	評価基準
3	意味が伝わり、内容に深まりがある。
2	意味がほぼ伝わる。
1	意味がほとんど伝わらない。
0	無言。全く答えられない。

Score

評価者（　　　　　　　　　　　　　　　　　）

15. 他年次との比較テスト

　生徒の英語力を判定し、また研究の成果を測定するためにGTEC for STUDENTSを利用しているが、同じ生徒のテストの結果が良かったとしても、単に学年が上がって学習の蓄積が増えたための伸びとも考えられ、この取り組みの効果と断定はできない。そこで、Speak Out導入年次と非導入年次との比較テストを行った。

　比較テストは、語彙（本校作成）と進研模試（ベネッセコーポレーション）である。語彙テストの語彙は、この取り組みが教科書の定着であるので、英語Ⅰ、Ⅱの教科書で扱った語句を拾い上げてテストを作成した。

第4章

Speak Out 方式の進め方
~どんな活動をする?~

1. Speak Out の学習内容

これまで記してきたように、Speak Out Ⅰ、Ⅱでは、前年度に履修した英語Ⅰ、Ⅱの学習内容を確実に定着させるため、語彙や文法事項、重要表現のintakeを十分に行った上で、スピーキングを中心としたoutput活動に時間をかけ、英語運用能力を向上させようという目的がある。

しかし、前年度に学んだことだからといって、「さあ、今年度はとにかくたくさん英語を話しましょう!」といきなり言っても、それは難しい。この章では、**最終タスクから逆算して、どんな練習をすれば質の高い発表ができるのかという視点で考えた各活動**について、詳しく紹介していきたい。なお、平成24年現在もSpeak Outは継続中であるが、目の前の生徒に合わせてレッスンプランを改良している。

2. 1レッスンの進め方・授業の流れ

p. 62とp. 64でふれたように、以下のような流れで指導する。

> **基本の流れ**
>
> Day 1 　語彙・内容確認(Listening・Reading)
> Day 2 　要約文完成、要約文の口頭練習、Story-Reproduction 練習(2年次後半からは Oral Summary の練習)
> Day 3 　Story-Reproduction 発表(Oral Summary の場合はさらに練習を重ねる)

Day 4	最終タスクに向けての原稿作成① (1st draft)
Day 5	最終タスクに向けての原稿作成② (2nd draft)
Day 6	最終タスク発表リハーサル（教員の前で発表、ビデオ撮影あり）
Day 7	最終タスク発表会（ビデオ撮影あり、相互評価）

　最終タスクの発表の仕方やテキストの難易度によって、2時間程度の調整はあるが、毎回ほぼ上記の流れで行っている。**生徒たちにも各レッスンの最初にレッスンプランを配布し、毎時間何を行うのか、心の準備をさせている**。授業の最初や廊下で会ったときなど、「今日はサマリーですか？」「次は最終タスクですね」などと言ってくることもあり、興味関心を持って授業に臨み、自ら学ぶ姿勢が自然と身についているように思われる。あるクラスでは、英語がとても苦手で、他の英語の科目では「心ここにあらず」といったような生徒でも、ある日の授業後、「Speak Out楽しい！」と言って教室を去っていったこともあったそうだ。

　生徒には、**各レッスンの導入時に最終タスクの内容を伝え、「自分がどのような場面で、どのような相手に対して英語を話すのか」をイメージさせる**。そうすることによって、生徒は各活動に積極的に臨むようになる。**明確なゴールが示されていることで、各活動で行う内容もより頭に残りやすくなる**。Speak Out実施初年度には、そのイメージをよりはっきりと持たせるために、ジャパンライムの授業DVDから各活動のモデルを見せたり、本校の日本人英語教員とALTで作成したビデオを見せたりした。実施2周目からは、上の年次の生徒の発表映像を見せ、それを目標にさせた。自分が知っている部活動の先輩が出ていたりすると、生徒たちはもっと面白い発表をしたいと、ますますやる気になるようである。

3. 復習〜内容理解と定着のためには？〜

Output準備

　Speak Outを始めるまでは「生徒に授業中になるべく多く英語を話させたい」と思っていても、実際の生徒の頭の中には十分な英語のリソースがなかった。

　話す訓練も、授業の最初に、ウォーミングアップとして1分間英語で話させたり、各種の音読をさせたりしていたが、口をついて英語が自然に出てくる、自分の思っていることを言える、という段階までは至っていなかった。表現も定型表現にとどまり、中身を伴う質の高い表現活動を行うことができなかった。

　そのため、Speak Outでは、**Day 1〜3で最終タスクのためのベースをしっかりと作る**ことにした。単に1年前の授業を繰り返すのではなく、発展的な活動を行うので、しっかりと生徒に頭を使わせる、challengingな授業内容になっている。

　1年次において、内容理解や音読活動は行っているので、トピックに関して、生徒は多少覚えている。また、2年次でSpeak OutⅠを履修する際、英語Ⅱと同時履修している。そのため、**Speak OutⅠ、つまり英語Ⅰの内容は英語Ⅱと比べてだいぶ易しく感じられるので、活動も無理なく進めることができる。**

　レッスンを始める前に、「このレッスンで何か覚えていることは？」と問いかけると、内容や登場人物について答えたり、いくつか単語が出てきたり、さらには英語Ⅰ履修時に、授業で暗唱文として指定し、何度も口頭練習した文がそのまま口から出てくることもあった。そうなることをねらって、1年次では長期休業中の課題で練習をさせたり、Speak Outで扱うレッスンの単語や内容理解の復習をさせたりしていたものの、生徒が本当に覚えていたときは驚いた。

実際、Speak Outの活動を充実させるには、**1年次の英語Ⅰとオーラル・コミュニケーションⅠでの土台作りが非常に大切**である。だが、この段階では、まだ丸暗記の状態であり、その表現を応用して、自分の言葉として使う段階には、ほとんどの生徒は至っていない。ここから、**最終タスクで、英文を再生しながら自分の意見を言えるようにする**には、いくつかのステップが必要である。さらに、最終タスクの種類によって、指導の内容も変化する。

4. レッスンプランの詳細

　Day 1からDay 7までの詳しい活動内容を紹介する。ここでは、Lesson 4: Animal Therapy（プレゼンテーション）、Lesson 3: Art Is Life（ロールプレイ形式のインタビュー）、Lesson 2: Fast Food（ディベート）のレッスンプランを取り上げる。

> ### Ⅰ. Lesson 4　Animal Therapy（プレゼンテーション）の場合

　このレッスンは、生徒たちにとってSpeak Out Ⅰの3つ目のレッスンである（p. 67参照）。自己紹介スピーチ、Lesson 1: Smile!の次のレッスンであり、プレゼンテーションは2回目ということになる。そして、Lesson 1ではほぼ一方的に話すという設定だったが、このレッスンでは相手が引いたカードによって言うことを変えなければならず、覚える内容が多くなっている。以下は生徒に配布したレッスンプランである。（教科書本文はp. 97に掲載）

Lesson 4　Animal Therapy

Aims

1. To be able to reproduce the story in English (For story-reproduction).
2. To tell a person about how animals can help him/her (For the final task).
3. To be able to use the expressions written in the textbook (For the final task).

Schedule (7 classes)

For Story-Reproduction	For Final Task	
1. Lesson Review 2. Story-Reproduction Practice 3. Story-Reproduction	4. Script Writing (1st draft) 5. Script Rewriting (2nd draft) 　 Presentation Practice	6. Rehearsal 7. Presentation Reflection

Day	Activity	Min.	Procedure	Notes
1	Warm-up	5	50 Questions*	
	Keywords	15	①教師の英語によるヒントや質問をもとに、本文中からKeywordsを探させたり、パラフレーズさせたりする。 ②Keywords練習（全体→ペア→全体）プリントを見て／見ないで、英→日、日→英	英語によるやりとり。生徒から英語を引き出す。 1分、40秒と時間を計って集中させる。
	Listening	10	①True or Falseの問題文を教師の後に続いて読ませる。 ②CDを2回聞き、True or Falseに答える。	Falseの場合、違う所に下線を引く。
	Fact Finding	20	①本文を読み、答えの部分に下線を引く。（10分） ②答え合わせ（5分）	早く終わった生徒は英語で答えを書く。

※本書に掲載しているレッスンプラン、ハンドアウトは実際に鶴岡中央高校で使用されたものである。

Day	Activity	Min.	Procedure	Notes
2	Warm-up	3	50 Questions	
	Review	10	Keywordsのpronunciationやspellingの確認	
	Summary	10	①Summaryを完成させる。 ②和訳の区切りに合わせてSummaryも区切る。 ③音読練習（全体・個人・ペア）	Chorus reading、日英変換、Read & Look up、Shadowing等。
	Story-Reproduction Practice	25	語句が書かれたカードを黒板に張り、Q&Aを行いながら本文を再生していく。（10分） ①Evaluationの説明（2分） ②Sheet AとSheet Bを使用して練習（8分） 　個人（1分）→ペア（2分） 　→全体（1分）（計4分×Sheet AとSheet Bで2回） ③指名された生徒数名が教卓で発表（5分）	英語によるやりとり。生徒から英語を引き出す。 ペアは変えて何度も。 最後に発表する生徒は、黒板に張られたカードを見てもよい。
	Notice	2	次回のStory-Reproductionは成績点を大きく左右する。memorizeしていない場合は大きく減点される。逆にeye contactまでしっかり行き届いている場合などは高く評価。	
3	Warm-up	3	50 Questions	
	Story-Reproduction	45	①各自でStory-Reproduction Practice（5分） ②発表（1分.×20人　移動も含めて30分） ③Story-Reproduction by Writingを完成、完成したらspellingのミスなどを赤ペンで直す。（9分） ④Evaluation Sheetを提出（1分）	生徒間評価も行う。
	Notice	2	次回予告	

Day	Activity	Min.	Procedure	Notes
4	Warm-up	3	50 Questions	
	Grouping	7	①Final Taskの説明（教師によるモデル提示）とペア編成 ②Final Taskの内容をペアで話し合って決定	Taskの内容はクラス内でバランスよく。
	Script Writing （1st draft）	40	①Script EvaluationとExampleの説明 ②構成や表現について指導し、自分たちなりのアレンジを奨励する。 ③ペアで分担・協力して原稿作成する。	1st draftが時間内に完成しない場合は、各自で職員室まで提出する。
5	Warm-up	3	50 Questions	
	Script Rewriting （2nd draft）	30	①1st draftでよく見られた間違いを全体で共有 ②返却された1st draftをもとに2nd draftを作成 ③2nd draftを提出する。	ペアにつき練習用に2枚コピーする。原本は評価用。
	Presentation Practice	15	①Evaluationの説明 ②返却された2nd draftのコピー（2nd draftが時間内に提出できなかった場合は1st draftのコピー）を使って、ペアで練習と打ち合わせ。	時間を計りながら読んだり、実際に評価をしたりして緊張感を。
	Notice	2	次回のRehearsalではペアごとにビデオ撮影を行うので、2nd draftを暗記してくること。	

Day	Activity	Min.	Procedure	Notes
6	Warm-up	3	50 Questions	
	Introduction	2	返却された2nd draft原本のScript Evaluationを確認	
	Rehearsal	43	①教室の端でペアごとにビデオを撮る（30秒程度）。 ②その場で視聴し、改善すべき点を発表者自身が言う。 ③②に基づき、教師がアドバイスをする。	
	Notice	2	次回のPresentationは成績点を大きく左右する、など。	
7	Warm-up	5	各自練習	
	Presentation	30	発表（3分×10ペア）	生徒間評価も行う。
	Reflection	13	①感想、良かった点・改善点についてまとめる。 ②教師による講評 ③Evaluation/Reflection Sheetを提出	時間があれば良かったペアのビデオを全員で見る。
	Notice	2	次回予告	

*Warm-upの活動で使用する50 Questionsは、ALTに作成してもらったワークシートで、Do you like baseball? といった生徒にとって身近な質問が50問掲載されている。ペアでQ&Aを行い、答える方は、Yes, I do.などの後に、1文以上追加して答えなければならない。

Lesson 4　Animal Therapy

(教科書本文)

Part 1

This dog is Oso. Oso means "bear" in Spanish, but he lives in the USA. He is a large, black, terrier mix. Oso loves to take a bath because he knows something good happens after it. He puts on a visor or neckerchief, and visits a nursing home.

When Oso goes into the room, he sees a group of people. An old lady calls him. He goes to her. He puts his head on her lap. She pets him and talks to him. She says, "I enjoy meeting Oso so much. I want him to stay longer. I want him to come more often."

Some old people feel frustrated when they are not understood by other people. However, they do not have this problem with Oso. Oso can understand their feelings without words. Once he was a stray dog, but now he is helping people.

Part 2

Not only dogs but also cats and rabbits visit nursing homes. Thanks to these visiting pets, life becomes more cheerful.

Residents often feel bored, stressed, and weak. Spending

time with the animals gives them pleasure. Petting them reduces their stress. It also exercises their hands and arms.

Residents do not feel lonely when they are with the animals. They often talk to them to share their thoughts, feelings, and memories. The animals listen in their own way.

When people enter a nursing home, they often have to leave their family or close friends. However, visiting pets become new friends. Age or physical ability does not matter to them. They accept people as they are. Moreover, a lot of people can share one animal visit. Even two strangers can talk about a pet together and become friends.

Part 3

Other animals can help people, too. For example, experts say that dolphins help people with mental problems. They call it "dolphin therapy." Dolphins show care toward sick people and give them confidence.

We also know that riding a horse is good for injured or disabled people. Horses walk rhythmically. This is good for bad legs. And, when you are riding a horse, you must sit up straight. This improves your balance.

We do not yet know how much we can do with animal therapy. However, animals make a big difference. Maybe your own pet can help other people, too.

Day 1

①Keywords

　最初は、Keywordsの復習からスタートする。英英辞典の定義や、それを参考にして作った例文の一部を穴埋めにしたりして、教員が英語でヒントを出し、生徒は本文中からその語句を探す。このとき、生徒が英語を聞いて推測できるように、なるべく既習の学習事項を用いるようにしている。時には教員がジェスチャーを見せながら説明することもある。さらに、Keywordsを口頭練習するときには日本語訳も示すが、1対1の訳にならないように、その語やイディオムの使い方を示すようにしている。

　当初は、キーワードリストは例文を載せずに日英対応表のようにしていたが、語法が分からない生徒たちにとっては、その後の活動と切り離されたものになりがちだった。そのため、途中からは英文をなるべく多く与えるようにした。このことによって、自分で原稿を作るときにも品詞を意識するようになったり、例文をまねして英作文したりというような変化が見られた。教師が使った英文が身近なものであるほど、生徒の頭の中に残るようである。

Keywordsのプリント

1. Listen to the hints your teacher gives, find the keywords in the text and circle them.
2. Practice their pronunciation and spelling.

Part	Keyword	Japanese definition	Hints
1	frustrated	形：いらいらした	He looks so angry. He must be frustrated.
	feelings	名：感情	Dogs don't talk, but they can understand our feelings.

2	pleasure	名：喜び、楽しみ	Soccer is so much fun. Playing soccer is a great pleasure for me.
	reduce	動：減らす	This is one of 3 Rs. Now, our high school is trying to reduce garbage.
	physical	形：身体の	My favorite subject is PE. PE means physical education.
	ability	名：能力	Your ability is so high. You can do anything.
	accept	動：受け入れる	I can accept your idea because it is easy to understand.
3	mental	形：精神的な	This is the opposite word to physical.
	injured	形：けがしている	I can't walk fast. I got injured yesterday.
	disabled	形：障がいのある	This building is friendly to disabled people.

②Listening（True or False）

　CDを用いて本文全体を聞き、T/F問題に答える。Part 1〜3、または4まで一気に聞かせるときもあれば、様子を見て、PartごとにCDを止める場合もある。ハンドアウトには英文のみが書いてあり、生徒は聞き取った内容をもとに、その正誤を判断する。

　授業ではほとんど、教師は英語を使っているため、生徒が聞く英語の量は以前に比べて飛躍的に増えたが、教師側は生徒の理解度に合わせて、何度か英文を繰り返したり、簡単な英語にパラフレーズをしたり、速度を調整したりするため、**ある程度の速さの英語を聞き取るには、ネイティブスピーカーの話す英語を聞いたり、CDを使ってまとまった量の英文を一気に聞いたり、という訓練も必要**である。

　また、1年次では、生徒の英語力や集中力が持つ時間に対し

て、この活動はハードルが高く、各レッスンの導入段階で行うことはできなかったのだが、**2年目で2回目なので、この活動を無理なく行うことができている**。初めはスピードについていくのが大変な様子だったが、徐々にリスニングにも慣れていき、3年次でセンター試験のための演習を行う頃までに、その下地がしっかりとできたように思われる。

True or Falseの問題文

1. Listen to the CD carefully and write T or F.
2. If the answer is F, underline the part which makes the statement false.

Part 1
1. Oso likes to take a bath because he likes to be clean.
2. Some old people feel unhappy when others do not understand them.

Part 2
3. Visiting pets give the residents in the nursing homes stress.
4. Thanks to the visiting pets, the residents can be friends.

Part 3
5. Dolphin therapy is good for solving problems of the body.
6. Riding horses helps injured or disabled people.

③Q&A（Fact Finding）

　本文に関してのQ&Aを英語で行う。このとき、**本文中の答えにあたる個所に線を引きながら本文を読み進めていく**。英語ⅠでQ&Aを行うときや模試などでも必ず線を引きながら読む習慣をつけていたため、Speak Outでも、引き続き、線を引きながら読むようにさせた。また、**答えを確認する際のやりとりは英語で**行った。このとき、特に注意した点は、事実のみを探させるのではなく、抽象的な部分は、具体的にはどういうことなのか考えさせ、**「高校生の立場として自分はどう考えるのか」**を問いかけるという点である。単語はパラフレーズさせてみたり、生徒がすでに持っている知識と関連付けて考えさせたりするようにした。ハンドアウトにはQuestionsのみ書いてあるので、答えを確認するときには口頭でさらに質問するようにしている。

　この活動の中で、生徒とのやりとりが多ければ多いほど、本文の理解が深まり、最終タスクの原稿作成のときに、ただ本文を抜き出して英文を写すだけでなく、オリジナリティーのある内容が書けるようになった。また、英語Ⅰで内容確認を行うときにも、文字だけを追って訳すのではなく、行間を読む訓練をさせようと思い、教員側の問いかけも変わってきた。例えば、英語ⅠのLesson 3: Art Is LifeのPart 1の中で、"I'm alive!"と手塚治虫が言うシーンがあり、「私は生きている！」と生徒は訳せるわけだが、「彼はどういった心境でこの言葉を発したと思うか？」というところまで聞くようにしている。

　Speak Outを始めてから、教員側の教科書の読み方も変わってきたのである。これまでもそうやって教えてきた教員ももちろんいたのだが、外国語科全体に共通の意識が生まれたのだと思う。情報の共有の仕方も変わり、生徒にどんな英文を使わせたいか、どこまで考えさせたいかという部分を考えるようになった。

Fact Findingの問題文

> 1. Read the text and underline the sentences which include the answer to each question.
> 2. Try to write the answers in your own words when you have finished underlining.
>
> Part 1
> 1. What does Oso wear when he visits a nursing home?
> 2. Can Oso understand the feelings of old people?
>
> Part 2
> 3. Is it only dogs that visit nursing homes?
> 4. Why don't the old people feel lonely when they are with the animals?
>
> Part 3
> 5. Why is "dolphin therapy" useful?
> 6. Why is riding horses good for bad legs?

Day 2

①Summary

要約文の穴埋めを行う。教科書付属のワークブックや指導書などについている要約文を用い、空欄を作り、語句の穴埋めをさせる。**空欄にするのは内容理解に関わる語句**である。生徒は教科書本文をもう1度読みながら、（　）に入る語句を考える。次に、生徒はSummaryの下にある日本語文（チャンクごとにスラッシュ

を入れてある）を見て、英文にもスラッシュを入れていく。英文をもう1度読ませたいので、最初は日本語文の書かれている部分を折って、見ないようにする。最後に答え合わせをする。

　ここまでで、生徒は**最低でも4回は1レッスン分の英文を読んだり聞いたりしている**ことになる。こうして積み重ねていくと、**入試の長文を最初から最後まで通して早く読む練習**にもなる。

穴埋めSummaryのシート

---

1. Fill in the blanks and complete the summary.
2. Insert slashes into the sentences as in the Japanese translation below.

　A dog called Oso visits a （　　） （　　　）, and helps the （　　　）. Some old people feel （　　　） when they are not （　　　　） by other people. However, Oso can understand their （　　　） without （　　　）.

　Spending time with （　　　） gives the residents （　　）. When they are with the animals, they do not feel （　　　）. Visiting pets become their （　　） （　　　）. The animals （　　　） them as they are.

　Dolphins and horses can （　　　） people, too. Dolphins are good for people with （　　） （　　）. Riding horses helps （　　　） or （　　） people.

------------ Fold here and practice with your partner. ------------

　オソと呼ばれる犬が／老人ホームを訪問し、／入居者を助

> けます // いらいらする老人たちもいます / 彼らが理解され
> ないとき / 他の人々に // しかし、/ オソは彼らの感情を理
> 解することができます / 言葉なしで //
>
> 　動物たちと過ごすことは/入居者に喜びを与えます // 彼
> らは動物と一緒にいるとき / 彼らは寂しさを感じません //
> 訪問ペットは彼らの新しい友達になります // 動物たちは彼
> らを受け入れます / あるがままに //
>
> 　イルカや馬も人々を助けます // イルカは効果があります /
> 精神的問題のある人に // 馬に乗ることはけがをした人や身
> 体に障がいのある人を助けます //

②Summary 音読練習

　Summaryを音読する。全体、個人、ペア（日本語⇔英語変換）での音読、Read & Look upなど、頭に入るまで練習を行う。

③Story-Reproduction

　まず、教師が英語で生徒に質問をし、テキストの内容を再生していく。キーワードを黒板に張りながら、また、生徒にも英文を言わせながら要約文（ここでの要約は穴埋めした要約文と全く同じものではなく、さらに短くまとめたもの）を完成させる。また、内容を思い出すのに役立つピクチャーカード等を黒板に張り、文字＋画像で頭に残るようにする。

　次に、生徒は**教師のモデル文を参考にして、英文を再生する練習をする**。そのとき、黒板に張られているキーワードや絵を見ながら練習したり、p. 107に掲載しているようなSheet AとSheet Bを使ってペアで練習したり、また、グループで発表したりと何度も口頭で練習する。ペアではお互いに言えているかチェックし、ヒントを出し合いながら練習する。

Story-Reproduction（教師によるモデル用）カードの例

　☐ で囲んだ部分がカードになっている。

★ |Some animals| such as dogs, cats and rabbits |visit| nursing homes. |Spending time| with the animals |gives| the residents |pleasure| and |reduces| their |stress|. And also, |visiting pets| can |become| new friends.

★ |Other animals| can |help| people, too. |Dolphins| |help| people with |mental problems|. |Riding horses| is good for |injured| or |disabled| people. Maybe |your own pet| can |help| other people, too.

Story-Reproductionで使うSheet A、Sheet B

1. Check your partner's story-reproduction and tell him/her the correct expressions if you find any errors.
2. Reproduce the story in front of all the students.

Sheet A

★ ☐ such as dogs, cats and rabbits ☐ nursing homes. ☐ with the animals ☐ the residents ☐ and ☐ their ☐ . And also, ☐ can ☐ new friends.
★ ☐ can ☐ people, too. ☐ ☐ people with ☐ .
☐ is good for ☐ or ☐ people. Maybe ☐ can ☐ other people, too.

—Fold here and practice with your partner.—

Sheet B

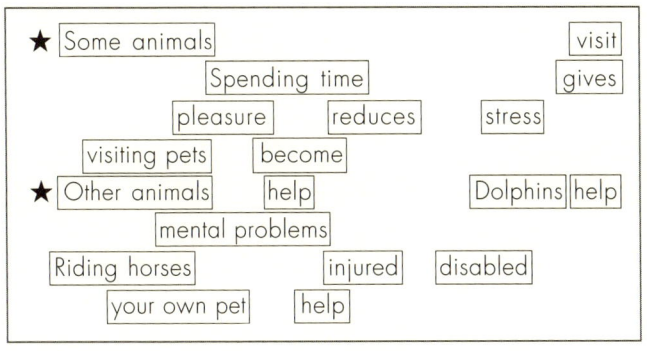

★ Some animals | visit
Spending time | gives
pleasure | reduces | stress
visiting pets | become
★ Other animals | help | Dolphins | help
mental problems
Riding horses | injured | disabled
your own pet | help

Day 3

①Story-Reproduction発表会

　1人ずつ前に出て発表する。最初は暗記することが難しく、自分が言っている内容が分からなくとも、とにかく発表していた生徒もいる。教員が途中で止めると頭が真っ白になり、また最初からでないと言えない生徒や、ものすごいスピードで、ポーズなしで発表する生徒もいた。

　この場合の問題点は、生徒は**英文の構造を分かっていない**ということである。例えばLesson 4では、

　Spending time / with the animals / gives the residents pleasure / and reduces their stress.

の構造を理解して言えている生徒とそうでない生徒がいる。動名詞やチャンク、三単現のs等を意識していなかったり、発音に関してもpleasureをpressure（Lesson 1: Smile!で出てくるため間違いやすい）の発音で言ってしまったりする生徒もいた。この点は担当者間でも悩みの種であった。

　最終タスクの原稿作成や発表についても同じ問題点があり、英語力UPプロジェクト会議（平成22～23年度に、金谷先生や米野指導主事に来ていただいて行った会議）でもこれらのことがいつも話題に上っていた。そのとき、金谷先生から、「『すらすら言えること』がゴールではなく、**たどたどしくても、きちんと内容や構造を分かった上で自分の頭から引き出して話すことの方が大切**だ」というアドバイスをいただいた。

　このことを何度も生徒たちに伝え、英文を引き出すようにさせた。すらすら言えていても、**内容を分かった上で発表していなければ、応用が利かず、短期記憶で終わってしまうため、最終タス**

クやその後の英語力向上にはつながらない。つまり原稿を作るときにも、ただ教科書を写し、内容を分からずに言葉を発していることになる。特に内容が難しいレッスンを扱うときは要注意である。

やがて、発表をこなすことで精いっぱいだった生徒たちも、発表を重ねるごとに、だんだん余裕が出てくる。英文の内容はそのままで、表現を変えてみたり（例えば、not only A, but also Bを both A and Bなどにしてみたり、for example, … と例を入れてみたり）、また「全員同じことを言ってもつまらないのでアドリブも加えつつ発表してみよう」と指示すると、自分で考えた英文やジェスチャーも入れながら発表できるようになってきた。それが**暗唱からステップアップして英文が頭にintakeされた瞬間**だったように思う。

②Story-Reproduction by Writing

Day 3の最後に、自分が発表した内容を思い出しながら、書いて再生する。書き終わった後で、各自テキストを見てもう1度確認し、スペリングミスは赤ペンで直す。最後に書くことで、正確に表現が定着することを目指すものである。生徒は「言えても書けないところがある」と自ら気づき、次の原稿を書くときにそれが生きてくる。

Day 4 〜 5
原稿作成

Day 4〜5では、最終タスクのための原稿を作成する。活動に合わせてペアやグループを組む。このペアやグループの構成は英語力や人間関係を配慮して教員が決めたり、くじで決めたりする。特にディベートなど非常に協力が求められるときなどは、ク

ラス担任にも事前に相談して慎重に決める。

　教員は、1st draftを添削するとき、**ただ間違いを直すのではなく**、生徒に気づかせるように印をつけたり、アンダーラインを引いたり、内容の薄いものには"Why?" "How?" "For example?"など、**より内容を深めて具体的に書けるようなコメント**を与える。1年次のオーラル・コミュニケーションⅠで行ったエッセイライティングの活動でも、同じようにerror checkだけでなく、アイデアを広げていくようなコメントを加え、生徒の書く分量が増えるような添削を行った。

　また生徒には「**教科書を読めば誰でも分かる内容ではなく、オリジナリティーのある内容で**」や「**聞いている人にしっかり伝わるシンプルな英語を使って書こう**」と、いつも言っている。翻訳ソフト等を使ってやたらと難しい単語を使おうとする生徒もいるので、そのときは特に1つ1つの単語を理解しているのか？ということを強調して考えさせる。また和英辞典などを使うときは、例文まで見て単語の使い方をまねて文を作るようにさせている。

　生徒は教員の添削を見ながら、再びペアやグループで話し合い、2nd draftを書く。2nd draftを書く前にクラスで**共通してよく見られた間違い（語順、品詞、時制の間違い）は全体で共有**している。また原稿を書くときに出た質問については、黒板にどんどんヒントを書いていき、それを見た他のグループにもヒントになるようにしている。

最終タスク

"Animal Therapy Clinic"

1. 「最近新しくできたアニマルセラピー施設」を紹介する。(アニマルセラピーとは何か、動物たちがそこで何をしてくれるのか等)
2. 発表者とは別のグループのメンバーが、さまざまな症状が書かれているカードの中から2枚を引く。【☆カード①②から1枚、③④から1枚】
3. 発表者グループは、その症状の解消に効果のあるアニマルセラピーについて説明する。(発表者はどのカードが引かれてもいいように、全ての症状・全ての動物について準備し、練習する)

【☆カードに書かれている症状】

① I feel lonely.   ② I feel frustrated.
③ I have no confidence in myself.   ④ I have bad legs.

Structure

1. In pairs, write a script, four paragraphs long. (write two paragraphs each) 全体を4段落構成にして2人で分担して書こう
2. Use the expressions below and ones written in the textbook. 下のパターン例文や教科書の表現を使おう

Introduction

1 ①〜③から各1文ずつ選び、さらに自分で考えた文を足して、3文以上で構成する。

① ・Welcome to our new animal therapy clinic.
　・Thank you for coming to our new animal therapy clinic.
② ・We have many animals here.
　・There are many kinds of animals that can help you.
　・Many animals are waiting to take your problems away.
③ ・What kind of symptoms do you have?
　・What's wrong with you?
　・Will you tell us what symptoms you have?

Body （2 3各アニマルセラピーについて説明する）

2　Dogs, Cats & Rabbitsの効果
3　Dolphins, Horsesの効果　についてそれぞれ説明を書く。
（どのカードが当たってもいいように、教科書本文などを利用して詳しく書く）
☆"I see. Then, we recommend that you do …" のパターンを使えている場合、評価B
☆さらに、教科書にはない具体例やオリジナルのアイデアをプラスしている場合、評価A

Conclusion　以下のうちどれかを選ぶ。＋最後に決めぜりふをどうぞ!!

4　・We hope you'll get well soon.
　・We hope you'll be better soon.
　・Please take care of yourself.

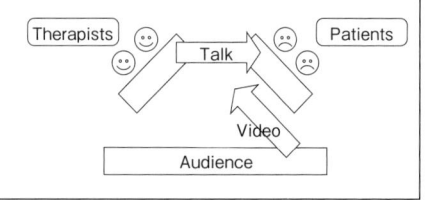

Day 6
Rehearsal

　生徒にとって、「英語を人前で話す」というのはかなり勇気のいることである。自信を持って話すにはかなりの練習が必要である。1度教師の前で、またビデオカメラを前にして発表してみる**ことで、実際どのような雰囲気で発表するのか感覚をつかむことができ、本番までに足りない部分を練習**するようになる。自分がどの方向を見てどんなふうに話しているのか画面で確かめると、生徒も客観的に自分を見ることができるため、教員のアドバイスも頭に入りやすいようである。

　この段階ではまだ原稿を読む生徒もいるため、「本番までに内容や表現をよく考えながらしっかり練習してこよう」、「原稿がなくても発表できるようにしよう」とアドバイスをする。また共通の発音の間違いなどもこの段階で共有して練習する。本番で直しても頭には残りづらいので、その意味でもRehearsalは必要と考えている。

Day 7
最終タスク発表会

　最初は教員がビデオの操作と司会を行っていたが、生徒に任せてみると、どんどんスムーズに進むようになった。カメラワークなどは生徒の方がうまいこともある。また他の生徒たちも協力的になるため、ただ発表をして終わったという形ではなく、**みんなで発表会を成功させたという達成感**を持たせることができる。終了後、工夫して発表できていたグループの発表ビデオをもう1度見て、どこが良かったか話し合うなどする。

　初めはマイクを使わずに発表を行っていたが、途中からマイクを使用して行った。特にインタビューやディベートなど、お互い

に声が聞こえないとやりとりが成り立たない活動では、このマイクの使用が大きな役割を果たしている。「人前で英語を話す」ことで精いっぱいの生徒たちにとって、最初から大きな声で堂々と発表するのはとても難しいことである。マイクがあることで一定以上の声の大きさは確保され、発表する側も聞く側も内容に集中することができる。

毎回、教員からの評価だけでなく、**生徒同士での評価**も行わせている。Speak Out Ⅰが始まってから夏ぐらいまでは、どのグループも緊張して、全体的に固い雰囲気だった。しかし秋口を過ぎたくらい（レッスン3つ分が終わる頃）になると、表情も和らぎ、時々笑いを取ろうとするなど、発表を楽しむ雰囲気ができてくる。聞くときには、お互いの発表を温かく見守り、時にツッコミを入れたりもするようになった。雰囲気が変わる時期は生徒の英語力にもよるようで、全体的に英語力の高い集団では、早い段階から余裕が生まれるようである。

このように、生徒同士が認め合う雰囲気が生まれることもSpeak Outを始めて良かったことの1つで、英語の授業以外にも良い影響を及ぼしているように感じられる。話し手として、そして聞き手としての態度が育ち、人として大切な力も身につくと言っても過言ではないかもしれない。

最終タスク発表会では、思いがけない才能を発揮する生徒もおり、Speak Outを始めてから、教員も生徒を見る目が本当に変わった。普段はおとなしい生徒でも、本番では面白く演じてみたり、絵が得意な生徒はとても上手な絵を描いてきて視覚的に訴えてみたり、ペアで発表するときにはしっかりと協力したり、それぞれの生徒の良い部分が引き出されているのである。そしてそれを認め合う空気が生まれる。そのことも、生徒がSpeak Outが楽しいと感じる要因の1つになっているのではないだろうか。

> **Ⅱ. Lesson 3　Art Is Life（ロールプレイ形式のインタビュー）の場合**

　このレッスンの最終タスクはロールプレイ形式のインタビューで、相手の言ったことを繰り返して言うということが求められる。Warm-upとして、Reporting（**相手の言葉を人称や時制を変えて繰り返す練習**）を何度か行った。また**シンプルな英語で聞き手に分かりやすく話す**ということを意識させた。基本の流れはLesson 4と同じである。

　次ページから、レッスンの概要と最終タスクを紹介する。

Lesson 3   Art Is Life

Aims

1. To understand the history of Tezuka Osamu and his thoughts, feelings and passion.
2. To be able to reproduce the story in English (For story-reproduction).
3. To be able to use the expressions written in the textbook (For the final task).

Schedule (7 ~ 8 classes)

1. Lesson Review	5. Script Writing (2nd draft)
2. Summary, Story-Reproduction practice	6. Rehearsal
	7. Presentation
3. Story-Reproduction	8. （撮り直しもあり得る）
4. Script Writing (1st draft)	

Reporting Topics

（以下から、1回の授業につき1〜2個について質問し合う）

・What is your favorite food?

・What is your favorite TV show?

・What is your favorite subject, and why?

・Which season is your favorite?

・What did you eat last night / this morning? How was it?

・Which do you like better, summer or winter, and why?

（参考）
『英会話月別1分間メニュー＆生徒熱中ゲーム33』
（辰巳順子、落合裕子、大久保素子、堀田優加子共著／明治図書）

Lesson 3　Art Is Life
(教科書本文)

Part 1

　World War II ended on August 15, 1945. On that night, the city lights were turned on again. Tezuka Osamu looked at them. At that time he was sixteen years old. During the war, there was terrible bombing. He faced death again and again. "I'm alive!" he thought.

　Years later, he became a medical student. One day he met a patient. The patient was dying. His face was often twisted with pain. But at the point of death, the look of pain went away. His face even looked peaceful. Then an idea came to Tezuka. "Death isn't the opposite of life. It's a part of life."

　Tezuka was moved by all of this. Later, in his works, Tezuka always tried to express the dignity of life.

Part 2

　Tezuka did not become a manga artist so easily. He started drawing manga for a newspaper when he was a medical student. He was always wondering which way he should go. "Should I become a doctor or a manga artist?"

　The year before he graduated, he interviewed a patient. The patient had very large ears. They always moved while he was speaking. Tezuka thought that it was very funny. He forgot to write his medical report and drew a sketch. When a senior doctor looked at the sketch, he said, "Are you really going to be a doctor? You are a born manga artist." In the end, after he got his doctor's license, he decided to become an artist.

Part 3

Tezuka was always drawing manga. In the car, in the train, even in the airplane he drew manga. He even kept his pencil and notepad by his pillow.

At the end of his life, Tezuka got cancer. He was in and out of the hospital. But even so, he did not stop thinking about manga. Even when he had to lie down to get more rest, he carried on drawing manga.

After the middle of January, 1989, he became very weak. He was conscious only sometimes. "I want to draw!" he said from his bed one day. About a month later, his 60 years of life ended.

For Tezuka, drawing manga meant being alive. After he died, his wife read his diary. She looked at the last page, January 15. There was a plan for a new book of manga.

最終タスク

> ### *Interview with Tezuka Osamu*
> ペアでトーク番組の司会者役と手塚治虫役に分かれ番組収録を行う。見ている生徒は収録を見に来たお客さんになり雰囲気作りを行う。(ビデオ撮影あり)
>
> 1. ペアで手塚さんへの質問を考える。
> 2. その際、インターネットで調べないと答えが分からないようなものではなく、英文から答えを導くことができるような質問を考える。ただし、「そのときの心情は」などの質問も英文から想像できるものとして質問に入れてよい。
> 3. 2人で考えた質問をクラス全員で出し合い、全体で5つに絞る。
> 4. 司会者と手塚治虫の役割分担をし、原稿を作成する。
>   - 司会者役は、必ず手塚さんの経歴を3文以上で簡単に紹介してから質問をすること。(テレビ番組『徹子の部屋』をイメージ)
>   - 手塚さんの答えは、1言だけでなく説明を加えること。
> 5. 発表は、質問を考えたペアとは違う組み合わせのペアで行う。
> 6. 手塚さん役は、質問カード1〜5のカードから3枚選び、司会者役はそのカードの質問をする。
>   - 司会者役は、手塚治虫役の答えに、"Really?"などの反応をすること。また相手が言ったことを繰り返すこと。
>
> 例：Tezuka: I was born in Osaka.
>   Host: Oh, Osaka? (You were born in Osaka?/Born in Osaka?) Really?　反応と繰り返しはどちらが先でもよい。

最終タスクのスクリプト

H: Talk Show Host　　T: Tezuka Osamu　　A: Audience

（司会者役は座っている。手塚役は部屋の外で待機。ほかの生徒はお客さんになり番組を盛り上げる。）

H:（*To the audience*）I'd like to welcome Mr. Tezuka Osamu to the show.

（司会者役は、スタジオのお客さんに話しかける場合、向きを変えるなど、状況にふさわしい進め方をすること。）

（*Tezuka enters*）
A:（*Claps*）
H: It's a pleasure to interview you today.
T: The pleasure is all mine.
H: I was so impressed by your work, especially ___作品名___.
　 It is outstanding!
T: Thank you.
H: 手塚さんの紹介（more than three sentences）
　 Now I'd like to ask you three questions.

（Tezuka chooses three of five cards.）手塚役はカードを3枚引いて相手に見せる。司会者役はそのカードを使用して、手塚役に質問する。

H: First (Second / Lastly), _____?
T: Well, _____.
H: "That's interesting. / That's a surprise. / Oh, really? / That's cool!" ← 相手の答えに応じて使うこと。その後、相手の言ったことを繰り返す。

◎3つ繰り返せたらA
◎Mr. Tezukaの答えにさらに質問をアドリブで加えればA+
◎Mr. Tezukaがそのアドリブに答えられたらA+
司会者役の挑戦によって2人とも評価が上がります！

Ex) H: When a senior doctor looked at your sketch, what did he say to you?
   T: He said, "You are a born manga artist."
   H: A born manga artist? That's interesting. What did you think then?（さらに質問すればA+）
   T: I wanted to become a manga artist.（答えられたらA+）

H: Thank you for coming today.
T: You're welcome (No problem). Nice talking with you.
H: (スタジオのお客さんに向かって)
   One more time for Mr. Tezuka.

(Loud applause)

Ⅲ. Lesson 2　Fast Food（ディベート）の場合

　このレッスンでは、最後のディベートにつなげるために、さまざまな種類の簡易ディベートを行い、「その**形式に慣れること**」と「**素早く英語で自分の意見を言うこと**」を多く行った。

　日本語でもディベートをしたことがあるという生徒はほとんどいなかったため、口頭でのディベートに入る前には、紙上ディベートを行った。紙上ディベートは科目横断的にライティングの授業で行った年度もある。難しく考えずに、短い文でたくさん言うこと（書くこと）や、相手の意見に素早く反駁することはすぐにできるものではないので、何度も行うことが必要である。

Lesson 2　Fast Food

Aims

1. To be able to understand what others say in English.
2. To be able to express your ideas in English.

Schedule（10 classes）

1. What is a debate?（DVD視聴） Let's try to debate!（No.1） 紙上ディベート	5. Lesson 2 語彙定着・内容把握・要約
2. Let's try to debate!（No.2） 紙上・ピンポンディベート（ペア）	6. Lesson 2 Oral Summary
	7. Reading for the Debate
3. Let's try to debate!（No.3） テーブルディベート	8. Preparing for the Debate
	9. Debate（No.1）
4. Let's try to debate!（No.2） ピンポン（ペア）・ピンポン（グループ）	10. Debate（No.2）

Day	Activity	Min.	Procedure	Notes
1	DVD視聴	15	昨年度の生徒のディベートを見る。	
	Let's try to debate! (No.1)	30	紙上ディベート（各トピックにつき10分） ①列ごとに賛成派・反対派に分かれる。 ②紙上ディベート用シート（p.135参照）にトピック（後述の1.～3.）を記入し、1分で自分サイドの意見を記入し（できるだけたくさん）、後ろの生徒にシートを回す。受け取った生徒は自分の意見を書き加える（×3回）。 ③自分のシートを返してもらい、他者の意見を確認後、賛成・反対でシートを一斉交換、相手の意見に対する反論を記入して、後ろの生徒にシートを回し、受け取った生徒は反論を書き加える（×3回） 1. Living in a city is better than living in the countryside.（日本語で） 2. Dogs are better than cats.（以降英語で） 3. Summer is better than winter. 単語でも良いので英語が出てくるように促す。ただし書ける英語で書かせる。辞書使用不可。自分自身をリソースとして活用する。	最初にAffirmativeとNegativeの説明を英語で。 Dogs are cute.だけでなく具体的な理由も。 シートには記名させる。
	表現整理	5	上記の活動でよくあった間違いを板書などして全体で共有する。 ex) Winter can ski.	上記活動中に適宜行ってもよい。

第4章 Speak Out 方式の進め方

Day	Activity	Min.	Procedure	Notes
2	Warm-up	15	紙上ディベート Summer is better than winter. ① 5人ずつのグループに分かれる。2グループは賛成派、2グループは反対派とする。 ② 黒板を4分割し、賛成派は夏の良いところを、反対派は冬の良いところを同時に書いていく。チョークをバトンのようにして、順番に意見を書いていく。	色チョークで間違いを指摘し、 In summer ...、 We can ...、 -ing is ...、 There is/are ...などの表現を活用できるようにする。
	Let's try to debate! (No.1)	15	紙上ディベート（トピック1.を5分、トピック2.を10分で） 1. Living in a city is better than living in the countryside.（以降英語で） 2. Robots are better than human beings.	トピック1.ではDay 1のような1分交換ではなく30秒で。
	表現導入	5	Useful Expressions for a Debateを練習する。	

124

Day	Activity	Min.	Procedure	Notes
2	Let's try to debate! (No.2)	15	Ping Pong Debate-1 (in pairs) ① ペアを作り、A・Bに分かれる。 ② トピックを提示し、Aはそれを好む立場、Bはそれを嫌う立場になる。 ③ 各自、理由を考える。(1分) ④ AはBに向かって、"I think ○○ because ..."のように、好きな理由を述べる。 ⑤ BはAに対して、"I don't think ○○ because ..."のように、嫌いな理由を述べる。Aの意見と関係のない理由でも構わない。 ⑥ 生徒は教師がストップというまで交互に意見を言い合う。(1分) ⑦ 新しいトピックを次々に与え、①～⑥を繰り返す。 Topics: 1. Television is good. 2. We need school uniforms. 3. Bicycles are better than cars. 4. City life is better than country life. 5. Examinations are necessary. 6. Dogs are better than cats. 7. A winter vacation is better than a summer vacation. 8. School lunch is better than a boxed lunch.	メモ用紙必要 適宜ペアや立場を変えて行う。

Day	Activity	Min.	Procedure	Notes
3	Warm-up	5	Reporting （相手の意見をよく聞いて覚え、自分の言葉で話す。主語や動詞の形に注意）	トピック：好きな科目、行ってみたい国、誕生月、好きな食べ物など
	Let's try to debate! (No.3)	40	Table Debate（各トピックにつき10分） 3人グループを6つ、2人グループ1つ作る。 各グループ内でA、B、Cを決める。 1. McDonald's is better than Mos Burger. 2. Watching movies at home is better than in theaters. 3. Beds are better than futons. ＜1回目＞（3分） 理由を考える。（1分）※以降2分 A：トピックについて賛成意見を言う。 B：Aの意見をもう1度繰り返す。 C：トピックについて反対意見を言う。 ＜2回目＞（2分） 理由を考える。（30秒） ※以降1分30秒 C：トピックについて賛成意見を言う。 A：Cの意見をもう1度繰り返す。 B：トピックについて反対意見を言う。	2人のグループは賛成意見と反対意見を言う人が重ならないように役割を分担する。 相手の意見を繰り返す、confirmを導入。 メモをとってもよいが、話すときは必ずメモから目を離すように指導する。 時間があればA→B→Cを何回も行う。
	表現整理	5	よくあった間違いを全体で共有する。	適宜行っても構わない。

Day	Activity	Min.	Procedure	Notes
4	Warm-up	5	Reporting	
	Let's try to debate! (No.2)	20	Ping Pong Debate-1 (in pairs) Day 2 のやり方と同じ。	Day 2のトピックを使用。
		20	Ping Pong Debate-2 (in groups) ①賛成派・反対派に分かれ、3対3あるいは3対4で向き合って並ぶ。 ②トピックを提示する。 ③生徒Aが生徒Bに"I think that [トピック], because【賛成する理由】,"で意見を述べる。 ④生徒Bは生徒Cに"A said【賛成する理由】. But I think【反対する理由】,"と述べる。 ⑤生徒Cは生徒Dに"B said【反対する理由】. But I think【賛成する理由】,"と述べる。 ⑥生徒Fは生徒Aに意見を述べる。 Topics: 1. Summer is better than winter. 2. We need mobile phones. 3. Tokyo is better than Yamagata. (Living in a city is better than in the countryside.) 4. Trains are better than cars. 5. We need school uniforms. 6. Futons are better than beds.	賛成　反対 A　B C　D E　F 他の人の意見をよく聞き、内容が前の人の意見とつながるように注意する。他の人の意見を繰り返さないようにする。
	表現整理	5	よくあった間違いを全体で共有する。	適宜行っても構わない。

Day	Activity	Min.	Procedure	Notes
5	Lesson 2 Keywords	10	① 教師の英語によるヒントや質問をもとに、教科書の本文中から英単語を探させたり、パラフレーズさせたりする。 ② キーワード練習（全体→ペア→全体）プリントを見て／見ないで、英語→日本語、日本語→英語（5分）	英語によるやりとり。生徒から英語を引き出す。 1分、40秒と制限時間を設定して、集中させる。
	Listening	10	教科書本文のCDを聞き、TF問題に答える。	Fの場合は問題文の違う所に下線。
	Fact Finding	15	① 本文を読み、答えの部分に下線を引かせる。（10分） ② 答え合わせ（5分）	早く終わった生徒は、質問の答えを英語で書くよう指示する。
	Summary	15	① 本文を読みながら、要約文の空欄を埋める。 ② 全体練習・個人練習・ペア練習	Chorus reading、日→英、Read & Look up、Shadowing等
6	Warm-up	10	Table Debate Having a party at home is better than in a restaurant. （理由は3つ以上）	Day 3のTable Debateと同じやり方で行う。メモは見ないで話す。
	Review	5	キーワードの復習・発音・スペリングの確認	日→英、スペリング
	Oral Summary	30	① ペアで質問をし、口頭でまとめる。 ② 4人グループで質問に対する答えをつなげて、必要な加工をし、Summaryを完成させる（p. 133参照）。 ③ 個人練習（さらに情報を付け加えられる生徒は、自分で言い方を考える） ④ グループ内で1人ずつ発表する。	初めに教師がモデルを示す。 本文を見てもよいが、話すときは必ず顔を上げる。
	まとめ	5	数名、全体の前で発表する。	

Day	Activity	Min.	Procedure	Notes
7	タスク説明	5	最終タスクについて説明する。	「How to Debate」(p. 138参照) と「発表・評価について」(p. 141参照) を両面印刷した用紙を配布
	Reading for the Debate	45	最終タスク用のグループを発表する。 教科書以外の文章Fast Food Blogging (p. 136参照) を読む。 ① ALTの読み上げを録音したCDのリスニングとQ&A。 ② ファーストフードについての賛成意見には赤ペン、反対意見には青ペンで線を引く。 (特にディベートで使えそうな部分を選んで線を引き、「理由①」「理由②」なども記入) ③ 線を引いた部分を全員でシェアする。	事前に3人グループ×4、4人グループ×2、計6グループ作る。(英語力や男女のバランスを考慮) 教師は生徒が線を引いた部分を黒板に書き出す。
8	Word Practice	5	Fast Food Bloggingの語彙を復習する。	
	Preparing for the Debate	45	① タスクについて話し合う。 ② 賛成・反対両方について考える。 ③ 賛成・反対に分かれ、ポイントをまとめ、シート (p. 139参照) に記入する。 ※ポイントはDay 9とDay 10に黒板に張るカード (A3サイズ) にも書く。 ④ 各自の英語力を考慮して役割分担する。生徒の中から司会者も選出する。 ⑤ 班ごとに練習をする。 話そうとしている内容を理解しているかを確認する。	Day 7で読んだ文章からも意見 (線を引いた部分) を使うように指示する。(内容を理解しているかの確認のために日本語で言わせたり、書いた英文にスラッシュを入れさせ、聞き手にとって分かりやすく言えるか考えさせたりする)

Day	Activity	Min.	Procedure	Notes
9	Debate①	45	1回のディベート15分（移動も含む）×3対戦 他のグループがディベートをしているときは、聞いている班はメモを取りながら聞き、どちらのグループが良かったかジャッジを行う。（理由も聞く）	対戦前にDebate memo（p. 140参照）配布。 対戦終了後、各意見の2つのポイントが重複していないかチェック。
	Reflection	5	終了後グループで振り返りを行う。	
10	Debate②	45	1回のディベート15分（移動も含む）×3対戦 聞いている班はどちらのグループが良かったかジャッジを行う。（理由も聞く）	理由を聞くときは英語で。A said that ... I agree with ○○等の表現を使う。
	まとめ・講評	5	① 良かった点・改善点をまとめる。 ② 教師による講評	相互評価、自己評価

（参考）
『続・言語活動成功事例集』（藤井昌子、スティーヴン・アシュトン共著／開隆堂出版）
『中学校・高校 英語 段階的スピーキング活動42』（ELEC同友会英語教育学会実践研究部会編著／三省堂）

Lesson 2 Fast Food

(教科書本文)

Part 1

Look at this picture. What do you see? They are fast-food stands in the Edo period. People first sold sushi and tempura at food stands in Edo. At that time, they did not use raw fish for *nigirizushi*. They soaked fish in vinegar or cooked it. Tempura in those days was also different from tempura today. People ate it from a large plate with a skewer.

In the late Edo period, many young men moved to Edo for work. But most of them did not cook much. Also, people did not want to cook at home because of the danger of fire. For these reasons, a lot of people ate fast food at stands.

Part 2

Now there are fast-food stores everywhere. Hamburgers, fried chicken, tacos, hot dogs — you name it.

When did modern fast-food stores start in Japan? At the Osaka Expo in 1970, a trial store sold fried chicken. Thousands of people enjoyed eating it. It was very popular. In the 70's, fast-food stores started to open in Japan. They spread all over the country in a few years.

Modern fast food is different from Edo fast food because

it is mass-produced. It has the same taste in every store. And they serve it fast.

Part 3

Fast food changed people's eating habits. It is very convenient when you are busy. When you order your food, it arrives at once. You can also take fast food home.

However, there are also problems. Some people like only the tastes of fast food. They cannot enjoy the complex tastes of other food. Eating too much fast food is not healthy because most of it has a lot of fat. Moreover, now many people spend less time enjoying and making their meals.

Modern society needs convenience and speed, but why not sometimes enjoy meals slowly with family and friends?

◎Day 2がOral Summaryの場合

　2年次の途中からは、Day 2でOral Summaryを行う（Lesson 2: Fast Foodでは、簡易ディベートを先に行ったため、Day 6で行った）。Summaryの穴埋めとその音読練習が終わり、英語が頭に入った段階で、本文の内容を再生できるような質問を与える。**生徒同士で、Q&Aを行い、その答えをつないでいくと、本文のSummaryが完成する**という活動である。例えば、英語ⅠのLesson 2: Fast FoodのPart 2、Part 3（pp. 131-132参照）では、以下の質問に、→のように答える。

- **What did fast food change?**
  →It changed people's eating habits.

- **What is the problem with fast food?**
  →Eating too much fast food is not healthy because most of it has a lot of fat. And people spend less time enjoying and making their meals.

　その後、答えの部分をペアやグループで順につないでいく。その際、テキストの中から、自分が必要だと思う**キーワードを抜き出してメモし**、テキストではなく、**メモを見ながら文を作っていく**。そして、答えの中の代名詞を元の名詞にしたり、接続詞等を補ったり、文を加えたりしながらつないでいくと、以下のようになる。

　Modern fast food changed people's eating habits. For example, it is very convenient when we are busy. We can take fast food home. But eating too much fast food is not healthy because most of it has a lot of fat and high calories. Moreover, people spend less time enjoying and making their meals.

　これを1レッスン分行う。何度もやっているうちにスムーズに英文が出てくるようになる。この活動を1レッスン中2回の授業にわたって行い、とにかく何度も英文を声に出し、スピードを速めていくようにした。最後には、グループで作ったものを参考にしながら、各自でSummaryを書く。スペリングが分からないときは本文に戻り、正確に書けるようにもする。

　これらの活動を通して、**キーワードを把握**する練習にもなり、長文を読む際にも**文章の流れを理解**することができるようになる。また、**入試問題でパラグラフのタイトルを選んだり、文章のまとまりを並べ替えたりするような問題にも対応できる**ようになる。

　だが、Oral Summaryは思った以上に難しく、Lesson 2の内容でも生徒たちは非常に苦労していた。本文中の答えにあたる部分を見つけることはできても、その**表現を生かしながら、主語を変えたり、代名詞を元の名詞に戻したりする**ことができなかった。また、どこまで言えばいいのか、とても迷うようであった。特に、**トピックセンテンスや一般論的な部分**、そしてそれ以外の**具体例の部分等の構成をしっかり理解していなければできない活動**であり、さらには**口頭での素早い英作文能力**が求められる。生徒の様子を見ていて、これは**単語や文法が身についていなければできない活動**なのだなあとひしひしと感じた。この活動を成功させるためには、Day 1での復習をしっかりと行うことが必要である。Day 2で**Oral Summaryがスムーズにできれば、ディベートなどで、用意した原稿を読み上げるだけではなく、自分の言葉で語ることもできる**ようになっていく。

　以下はこのレッスンで使用したハンドアウトである。

紙上ディベート用シート

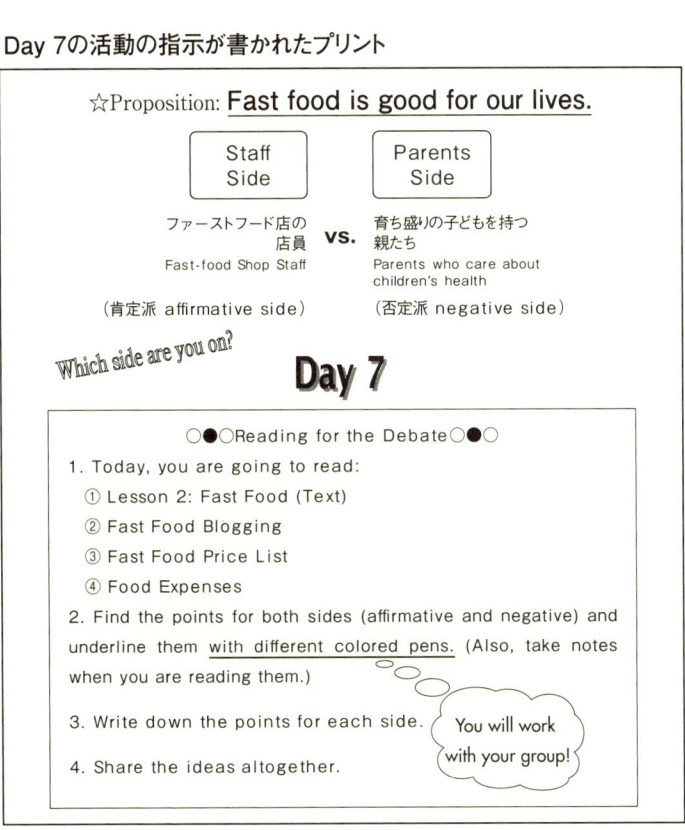

Day 1 & Day 2 紙上ディベート　　Topic 1 [　　　　　　　　]	
Affirmative Side　肯定派	Negative Side　否定派

Day 7の活動の指示が書かれたプリント

☆Proposition: **Fast food is good for our lives.**

Staff Side	Parents Side
ファーストフード店の店員	育ち盛りの子どもを持つ親たち
Fast-food Shop Staff	Parents who care about children's health
(肯定派 affirmative side)	(否定派 negative side)

vs.

Which side are you on?

Day 7

○●○Reading for the Debate○●○

1. Today, you are going to read:
   ① Lesson 2: Fast Food (Text)
   ② Fast Food Blogging
   ③ Fast Food Price List
   ④ Food Expenses

2. Find the points for both sides (affirmative and negative) and underline them with different colored pens. (Also, take notes when you are reading them.)

3. Write down the points for each side.

4. Share the ideas altogether.

You will work with your group!

本文トピックの背景知識の増強のために、本校のALTに作ってもらったもの

Fast Food Blogging

These articles were taken from online blogs about health and fast food in the USA and UK.

A I do not like fast food, and I will tell you why. It is unhealthy, we all know this, but it is unhealthier than we realize. There is a lot of fat in McDonald's burgers or KFC chicken, but also there is so much salt, sodium and sugar. One meal in KFC has more salt than we should eat in one day. This is why I am convinced that fast food is bad. On top of this, it is bad for our hair and skin. I saw on TV one day about how a girl got many spots from eating fast food! I think this is terrible, especially for teenagers like me. One thing I heard about fast food is that it is addictive, and people cannot stop eating it. If you begin to eat it, maybe you will not be able to stop. This is dangerous! My family and I always eat dinner together; we get to chat about our day and our lives. In short if people eat more fast food they will spend less time with their family, which will make people lonely. The final reason why I don't like fast food is that I think it is lazy. People do not cook their own meals, and that is something that I love. I feel that cooking with new flavours and ingredients is great. I always use fresh and healthy fruit and veg in my meals, which is something fast food never has. In conclusion I will never eat fast food ever again.

Cheryl Cole, 17, North London

B I disagree with people who say fast food is bad for me. I eat fast food every week and I am very healthy. Actually I can run 10 km in 42 minutes, so because of this I don't think fast food is so bad. In the movie "Super Size Me" a man ate McDonald's over 90 times in a month. He got very ill because he always ordered an extra large meal, but this is not normal. If we only ate ramen for every meal then we would get sick too! I feel that if we eat fast food rarely then it is fine for us. I am a manager in a company and sometimes I get home very late from work. I am so tired that I can't always cook, so going to the drive-thru or fast food restaurant is really easy, and helps me relax more. If I have to cook for myself every day it will be very stressful and maybe I would miss meals. I object to the opinion that fast food is so bad, because it is cheap. For people who are poor, they need to eat and cannot afford to go to expensive restaurants. Because of this point I think fast food is easy for everyone, and therefore it is fair: to fast food everyone is the same, no-one is rich or poor. Lastly many fast food restaurants have healthier options like salads and desserts; because of this some fast food is healthier than food we cook ourselves. In conclusion, as part of a healthy lifestyle, fast food can be a useful tool in our busy lives.

Sayed Bishop, 42, New York State

Day 8の活動の指示が書かれたプリント

Day 8

○●○Preparing for the Debate○●○

1. Talk about the points you found with the members of your group and together choose two strong reasons that you will use in the debate.

2. Think about how to argue against the other side's ideas and take notes.

3. Decide each person's role.

4. Write the points (Keywords) on a sheet of paper so that you can put it on the blackboard and make everyone understand your points.

5. Practice for the presentation with the rest of your group.

最終タスクを説明したプリント "How to Debate"

Lesson 2: Fast Food

Day 8

○●○How to Debate○●○

☺**Affirmaive side**☺ (**Fast food is good.**)	☹**Negative side**☹ (**Fast food is Not good.**)
Opening statement (1 min.)	
	Opening statement (1 min.)
Intermission (1 min.)	
	Confirmation (1 min.)
Confirmation (1 min.)	
Intermission (2 min.)	
Rebuttal (1 min.)	
	Rebuttal (1 min.)
Intermission (1 min.)	
	Final statement (1 min.)
Final statement (1 min.)	

※ Remember to say "thank you" when you finish speaking.
※ Each person should take at least one role.
※ 1 round ⇒ 12 min.

1. Opening statement (State your own group's ideas.)

Ex)・We agree (disagree) that "fast food is good for our lives."
　　/ We think (don't think) that "fast food is good for our lives."
　　・We have two reasons to support our ideas.　First, ... Second, ...

2. Confirmation (Repeat the other group's ideas.)

Ex)・The affirmative/negative side said that "fast food is good/not good for our lives."
　　・They have two reasons.　First, ... Second, ...

3. Rebuttal (Argue against the opposite side and support your ideas.)

Ex)・We see what they mean, but ... / We see their points, but ...
　　・We disagree with them, because ...

4. Final statement (Summarize your own group's ideas.)

Ex)・We agree (disagree) that "fast food is good for our lives."
　　/ We think (don't think) that "fast food is good for our lives."
　　/ We believe that "fast food is (not) good for our lives."
　　・Now, we will summarize our ideas.　There are two main points for our side.
　　・For these reasons, we think that "fast food is (not) good for our lives."

☆Please talk to the audience and try to speak loudly and clearly.
☆Don't forget to use the useful expressions that you learned on Day 1!

賛成派、反対派のポイントをまとめるシート

Lesson 2　Fast Food　☆Fast food (　　) good for our lives.☆　(Days 7 & 8)

Points for our side		Where?	How can we support it?
自分たちの意見を表す ポイント（キーワード）		資料番号 Part名	左のポイントを文にしたものとポイントを支える 文章（いわゆるbecauseやfor exampleの部分） 最低2〜3文。余裕があれば、これに相手が反論 してきそうなことにもふれる。
Class	Side	Name	

Lesson 2　Fast Food　☆Fast food (　　) good for our lives.☆　(Days 7 & 8)

Points for the opposing side	Where?	How can they support it?/ How can we argue against it?	
相手が言ってくるかも しれないポイント	資料番号 Part名	Support	左のポイントを文にしたものとポイントを支えるだろう 文章
		Argue	それに対してこちらはどうargue（反論）す るか
		Support	
		Argue	
		Support	
		Argue	
		Support	
		Argue	
		Support	
		Argue	

Day 9、10で使うDebate memo

Lesson 2 Fast Food ★Debate time!★ "Fast food is good for our lives."

	Affirmative side 文章ではなく「メモ」をとろう	**Negative side**
Opening statement	① ポイント: 理由説明: ② ( ) point(s)	1 2 ( ) point(s)
Confirmation	相手意見の再現具合で ✓ か ✓✓ を書く 1 ( ) 2 ( ) Repeat (✓) Explanation (✓✓) ( ) point(s)	① ( ) ② ( ) Repeat (✓) Explanation (✓✓) ( ) point(s)
Rebuttal	→ 1 相手の 1 に対して反論 → 2 ( ) point(s)	→ ① → ② ( ) point(s)
Final statement	① 相手反論にふれ 自分たちの意見を 再主張 ② ( ) point(s) 決めぜりふ	1 2 ( ) point(s)
	↓	↓
	( ) points	( ) points

☆Which side was better? → (Affirmative / Negative) side
★more interesting, more impressive, easier to understand, better performance, etc.

Class 2-( )   NO. ( )   Name (   )

「発表・評価について」の説明プリント（"How to Debate"と両面印刷）

Lesson 2: Fast Food　　★Debate time!★
"Fast food is good for our lives."

◎発表について◎
1. 3人グループの場合は、1人が2つを担当。（OpeningとFinal、ConfirmationとFinalなど）Rebuttalを担当する人は、それに専念する。
2. 発表者はstand upしてloud voiceで。（発表者以外の人は発表者を助けても良いが、代わりに話すことはできない）
3. 発表を聞く側の姿勢も大切! メモを取りながらしっかり聞こう。最後に投票します。

◎評価基準（グループ全体の取り組みとして評価する）◎
1. 自分たちの意見について説明を付けて述べることができたか（Opening statement）
   5点　2つのポイントについて、理由・説明・具体例を付けて述べることができた
   3点　1つのポイントについて、　　　　〃
   1点　ポイントのみ述べることができた

2. 相手の意見を聞いて理解し、繰り返すことができたか（Confirmation）
   5点　2つのポイント全て、理由・説明・具体例も付けて繰り返すことができた
   　　　※相手が1つのポイントしか述べなかった場合、1つをしっかり繰り返せれば5点（以下同様）
   3点　1つのポイントを繰り返したが、理由等を言えない点もあった
   1点　ポイントを繰り返したのみだった

3. 相手のグループの意見について、説明を付けて反駁することができたか（Rebuttal）
   5点　2つについて、理由・説明・具体例を付けて反駁できた
   3点　1つについて、　　　　　　　　　〃
   1点　反対であることを表明しただけだった（反駁していない）

4. 自分たちの意見について説明を付けて述べることができたか（Final statement）
   5点　2つのポイントについて、理由・説明・具体例を付けて述べることができた
   3点　1つのポイントについて、　〃
   1点　ポイントのみ述べることができた

※Final statementはOpening statementとまったく同じことを言うのではなく、言い方を変えてみよう!! また、最後に言う「決めぜりふ」を用意し、ジャッジを納得させるように工夫してみよう!!

※これらのDebateのハンドアウトは東京学芸大学英語教育ゼミKITCで使用されていたものを参考に、高校生向けに作成したものである。

5. 生徒が変化した時期
～「ガンガン書き始めた」のは、「表情が変わった」のはいつか～

　Speak Outの効果が感じられるようになったのは、2年次の夏休み後くらいからだった。初めは英語を書くことに慣れない様子だったが、4つ目のレッスン（Lesson 6: Water of Life）の頃から、躊躇せず**ガンガン書くようになった。**

　だが、一般論的なことは書けても、自分たち独自の、高校生としての視点を持って最初から書いていたグループは少なかった。そのため、原稿を書くときに、教員側から少しヒントを出し、**今日からできることは何か？相手に伝えるにはどんな具体例を出せば良いか？**を考えさせた。すると、ただ教科書にある英文を抜き出して書いていたグループも、書きたいことがどんどん浮かぶようになり、こちらの予想を超えるようなアイデアを思いつくグループも出てきた。

　ただ、問題だったのは、結局すんなり分かる（定着している）単語や表現以上のものを使おうとする（教科書をそのまま写そうとする生徒もいた）ので、**聞き手にしっかり伝わらなかったり、自分たちが話していることを理解しきれていなかったりする**ということである。きちんと暗記をして発表には臨んでいたが、余裕はなく、まだまだ全体的に表情は硬かった。だが、発表のときにBGMを流したり、テレビ番組等の設定で行ったりしていたので、その世界に入りやすかったということはあるかもしれない。

　発表のときの表情が明るくなったのは、Lesson 9: Hana's Suitcaseのスキットからである。テーマが戦争という、笑いが自然に起きるようなテーマではなかったが、それぞれが感情を込めて演じるという余裕が生まれたのはこの5つめのレッスンの頃からである。短く、**自分の言葉として話すことができていた生徒が**

多く、演じながら英語が自然に話せるようになっていた。また、せりふも考えやすかったようである。

そこからまた急に伸びたと感じたのは、**3年次生**になって、**Speak Out Ⅱの一番初めのレッスンで**、英語Ⅱの教科書*Big Dipper English Course II*（数研出版）のLesson 3: The Magic of Colorを題材にスキット原稿を作ったときである。春休みを経て、感覚を取り戻すには時間がかかるだろう……と踏んでいたが、予想に反して、**英語に対する反応（リスニングなども含めて）はとても良く**、また、原稿も2年次の最後と比べて、**同じ時間内に書ける量が飛躍的に増えていた**。また、**関係代名詞**を使った文も書けるようになっており、表現の幅がぐんと広がった。生徒がたくさん（原稿用紙の裏面まで）書いていたので、添削するのが大変だったほどである。春休み課題として、**Speak Out Ⅱで使用するレッスンの復習**を入れたことも功を奏したのだと思うが、**知識を寝かせたことにより、頭の中で整理整頓され、アウトプットできるようになった**のかもしれない。

6. Oral Summary をうまく進めるには？

初めはキーワードの提示だけ行っていたが、なかなかスムーズに英語が出てこなかった。その後、担当者で話し合い、それぞれの**ヒントとなる絵や写真を用意した**。そうすることで、生徒の頭の中にある英語と画像がリンクし、英文を再生しやすくなるようだった。中学校でもよく行われている指導法で、研究会等での発表や中学校の授業参観がとても参考になった。

Speak Out Ⅱで扱う英語Ⅱの難しい内容でも、要約の音読練習や英語でのQ&Aを繰り返し行った後だと、黒板に張ってある絵やキーワードを見ての再生作業が徐々にできるようになった。

このことを生かし、英語ⅠやⅡ（教科書1回目）でも、教員が絵やキーワードを用いながら本文の内容を説明したり、英語でのQ&Aを行ったりしている。1年次のうちに、そのような絵やキーワードを見ながらのStory-Reproductionまで行うことで、2年次からのSpeak Outがより効果的になると考えられる。実際は基礎力がつくには時間がかかるので完璧にはいかないが、生徒にチャレンジさせ続ける価値は大いにあるのではないだろうか。

第5章

Speak Out 方式の評価法
～何を見る？～

1. 何を評価するか

　第3章でもふれたように、Speak Outでは、最終タスクの「発表原稿」と「発表そのもの」で評価し、基本的には、**「原稿4割・発表6割」**の計算で成績をつけている。また、他科目のような定期試験での筆記試験や授業中の小テスト等は行っていない。言うなれば、発表会がテストということになり、音楽や体育などの**実技教科の評価と似ている**のかもしれない。最終タスクは、以下のような観点で評価している。

原稿	Volume、Content（最終タスクの性質に合わせ、どちらかのみで評価することもある）
発表	本文の内容を理解し、自分のものにしているか、正しい発音・イントネーションを心がけているか、聞き手を意識して発表しているか

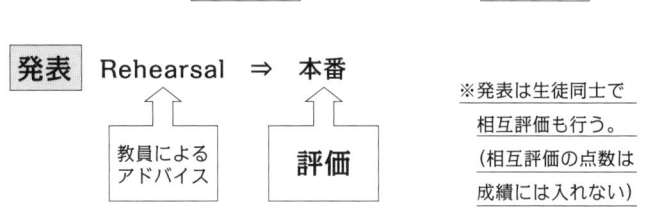

原稿　1st draft　⇒　2nd draft　⇒　発表後提出
　　　　　　　　　　　　↑　　　　　　　　　　　↑
　　　　　　　　　　教員による　　　　　　　評価
　　　　　　　　　　　添削

発表　Rehearsal　⇒　本番
　　　　　　　↑　　　　　　↑
　　　　　教員による　　評価
　　　　　アドバイス

※発表は生徒同士で相互評価も行う。（相互評価の点数は成績には入れない）

第5章　Speak Out 方式の評価法

生徒にも**評価方法については初めに提示しており、普段の取り組み方次第で成績が大きく変わる**と伝えてある。練習した分だけ成果が表れるので、授業中の活動に一生懸命取り組んでいるかが重要になる。当初は、「最終タスクの発表のみで評価する」という案も出たが、「原稿と発表の両方」を評価に組み入れることにしたのには理由がある。それは、生徒の**性格によって不利な差が生まれないようにしたい**というものだった。

　例えば、発表が得意な生徒（上手に見せるのが得意な生徒）でも、原稿作成やそれまでの練習にあまり力を入れないタイプの生徒がいる。逆に、普段からコツコツと取り組んでいるが、人前での発表はどちらかというと苦手というタイプの生徒もいる。Speak Outでは発表活動を中心に据えている中でも、両方のタイプの生徒がより公平に評価されるように、「原稿：発表＝4：6」という比率にした。学校によっては、それを変更することももちろん可能であるし、生徒のタイプに合わせた割合にすることが必要だと思う。また、本校でも、タスクの種類によっては、ペアやグループ内での役割によって原稿の量に差が出ることもあるので、割合を調整することもある。

　評価規準を明確にしたことで、生徒側の意識にも良い変化が生まれた。いつもは英語が苦手だという生徒も、**Speak Outは、やることがシンプルでゴールが分かりやすいので、一生懸命に練習に取り組み、良い成績を収める生徒が多くいる**。また、他の生徒がどのくらい力を入れて取り組んでいるかが、発表を見れば一目瞭然なので、お互いに良い刺激を与え合って切磋琢磨している。時々、前年度の先輩の発表ビデオだけでなく、同じ年次の隣のクラスの発表を見せたりして、モチベーションを維持させている。生徒同士でもクラスを越えて情報交換をしているようで、しばしば「他のクラスの誰々の発表も見たい」という声が上がることも

ある。

　後述するが、教員にとっても、**他クラスの発表を見ることは非常に重要**である。評価者間研修を年に数回行っているが、常日頃コミュニケーションはとっていても、どうしても担当者間でズレが発生することもある。上手なペアだけでなく、評価が分かれる可能性のあるペアの発表も見て、意見交換をすることで、そのズレはより少なくなっていくと感じている。やはり生徒のパフォーマンスそのものを見ながら話をすることで、お互いの授業方法や評価方法、教員それぞれが頭の中で描いている理想なども分かり、それが授業改善につながるのではないだろうか。

2. 評価規準の設定理由

◎指導と評価の一体化を目指して
　Speak Outは、
　①教科書の内容をより深く定着させる
　②自分の意見や考えを英語で述べる
という目標のもとで行っているので、その達成度を測るにはどうしたらよいかという視点で評価項目について話し合った（評価に関する用語についてはp. 54の「※鶴岡中央高校では〜」を参照）。

　到達目標を明示し、普段指導することをそのまま評価し、教員も生徒もそれを共有することで、同じ目標のもとに、段階的に力をつけていくことを目指している。そのことによって、生徒も、「なぜその活動を行っているのか」、「何をゴールに練習しているのか」を理解しながら授業に参加することができる。さらに、その目標が現在作成中の本校のCAN-DOリストにもつながっている。

他の英語授業のように、単語や文法、内容理解のテストを行った方がよいのかと話し合ったこともあった。しかし、他教科の予習・復習・テスト勉強もしなければならない、他の英語科目も勉強しなければならないという生徒たちの負担を考えると、英語嫌いの生徒を増やすことになってしまう恐れがあったので、これ以上筆記のテストを行うのはやめようということになり、**時中評価**（授業中に行う評価）で成績をつけることにした。

◎発表を見れば理解度が分かる

　第3章でも述べたように、発表や原稿を見れば、その生徒がどこまで本文の内容を深く理解しているか、そしてどこまで正確に文法や語法を理解しているかが分かる。パフォーマンスを評価しているわけだが、質の高いパフォーマンスを行うためには、必ず内容の理解を伴わなくてはならない。丸暗記は、ある程度まではできるが、英文の難易度が上がったり、分量が増えたりするとそうは簡単にいかない。実際の生徒の様子を見れば、丸暗記かそうでないかは判断できる。

　発表の時、ただ単に文章を丸暗記してきた生徒と、内容まで理解して発表している生徒では、話す内容だけでなく、表情や動き、発音、ちょっとした発言までが変わる。例えば、**内容を理解した上で、しっかり暗記してきた生徒**は、

☑ **途中で言い間違えても、文構造的に適切な区切りのところから再開することができる。**
　→理解せずに暗記している生徒は、言い間違えた瞬間に、頭が真っ白になってしまい、また最初からでないと言えない。あるいは、短期記憶に頼っているため、そのまま思い出せずに終わるか、もう一度メモを見て、それを読むことになる。

☑ 言い間違えたときや、絵や写真の提示に少し時間がかかったときに "Sorry." や "Please wait ..." と言ったり、生徒同士のやりとりのあるときに "Thank you."、"You're welcome." など、原稿には書いてない英語も自然に出てきたりすることがある。

☑ ペアやグループで発表している場合、他の生徒の発表を助けたり、ちょうどいいタイミングで発表を引き継いだりできるため、こちらが安心して見ていられる。
　→丸暗記しているだけの生徒は自信や余裕がなく、不必要な間が空いてしまったり、不自然なタイミングで話し始めたりしてしまう。また、パートナーの生徒が書いた原稿を理解していないので、内容が重複したり、自分の担当個所以外まで言ってしまうことがあったりする（なるべく1st draftの添削の段階でそこに気づかせるようにしているが……）。

　生徒にも、常に「**きちんと中身を分かって、内容を伝えようと工夫していなければ、人の心に届く発表はできない**」と指導している。教員側も、「内容や表現を自分のものにしているか」という観点で生徒を見ているため、すらすら読めているからいいのではなく、**常に相手を想定した書き方・話し方をするように、という指導をSpeak Out以外の科目でも意識するようになった**。音読練習についても、ただすらすら読めるだけでなく、どう強弱をつけるのか、どこにポーズを置くのか、どういう速さがいいのか指導する。話し手の伝えたいことは何か、聞き手に理解してほしいことは何かという視点で考えさせるようにしている。特にリハーサル時のアドバイスでは、この部分を強調している。

◎**文法やスペリングの正確性は評価に入れないのか**

　ここまでで、「生徒の書く原稿の正確性は評価しないのか」という疑問を持たれた方もいると思う。**原稿の評価に含むのは、VolumeとContentなので、文法やスペリングの正確性自体は評価には入れていない**。例えば、何個スペリングミスがあるかを数えて点数化したり、語順の間違いはマイナス何点、としたり、このミスはマイナス1点でこのミスはマイナス2点、などといった評価はしないという意味である。だが、文法指導をおろそかにするということではない。

　もともと「英語でたくさん書く」ということに慣れていない、英語が苦手な生徒が多かった。そのため、1年次のオーラル・コミュニケーションⅠのエッセイライティングでも、**まずは分量を増やす指導をしよう**ということになった。間違いを直すというよりは、こちらからの質問を書き込み、生徒はそれに答えたり、それをヒントにして話を広げたりしていく。さらに、分量を増やすには、**単なる情報の羅列ではなく、内容を濃く、具体的に、そして文章構成を考えて書く**ことが必要だった。どの接続詞を使うかなどを生徒に考えさせ、英語Ⅰで出てきた表現等も積極的に使わせた。そのため、このエッセイライティングの指導の流れを受けて、Speak OutでもVolumeとContentを評価している。

　しかし、ここで大切なのは、**「正確に書かなければ、聞き手に内容が伝わらない」ということを意識させる**ことである。主語がなかったり、めちゃくちゃな語順だったり、時制が違ったりでは、読み手・聞き手に、自分が本当に言いたいことは分かってもらえない。最終タスクの1st draftを添削する段階で、**文法の間違いについては、その部分に下線を引いたり、矢印で語と語をつないだり、横にヒントを書くなどして、間違いに気づかせるような指導**をする。さらに授業中にクラス全体でもそれを共有し、生徒

に考えさせるようにしている。

　あまりに1st draftに間違いが多いとき、それをすべて直したくて仕方なくなることもある。だがいくら1クラス20人分、10ペア分と、数は多くないとは言え、いつでもすべてを直していると、他の科目の準備や添削もあるので、教員側の負担が多過ぎる。その上、**教員の書き込みが多過ぎる**と（添削には赤ペンでなく、青ペンや緑ペンを使うなどして見た目の圧迫感を減らす工夫もしているが）、生徒のやる気をそいでしまい、**あまり良い効果がない**。

　また、生徒は添削に頼り過ぎてしまい、自分の頭で調べたり、考えたりしなくなってしまう。そして、直し過ぎると「生徒の原稿」でなく、「教員の原稿」になってしまい、適切な評価ができない。「でも直さないと、本当に意味が分からない原稿になってしまうし……」というジレンマもあるが、そこは割り切って、**聞き手の内容理解に関わる致命的な間違いのみに絞って添削する**。

　以下は、Speak Out Ⅰの最初に行うShow & Tellの原稿評価の基準であるが、特にContentの部分を見ていただきたい。注目していただきたいのは、波線部である。

Grade	Score	1) Volume	2) Content
A	5	more than 100 words	構成がしっかりしていて、表現も工夫されている。
B	3	more than 80 words	構成はほぼできているが、**添削に頼っているところがある**。
C	1	less than 80 words	自分で構成できず、**添削に頼り過ぎている**。

　1st draftの段階で、具体例やオリジナリティーがなく、内容が薄いもの、文法のミスがとても多いものについては、既述したように、添削を入れることになる。2nd draftを書くときには、生徒はそれを見て自分たちの原稿を直すことになるが、書き直した

ときに、1st draftで入れられた添削に頼り過ぎているものは、「3」という評価にしている（添削を受けた後に間違いが直っていない場合も「3」とする）。そうすることで、「教員の原稿」ではなく、**「生徒の原稿」を評価**できるようにしている。

3. 評価の実際

ここでは、Speak Outの授業の中で、実際に何を、どういった基準で評価しているかを紹介する。ここで取り上げるのは、各レッスンのDay 3で行うStory-Reproductionと、第4章で取り上げたLesson 4: Animal Therapy（プレゼンテーション）、Lesson 3: Art Is Life（ロールプレイ形式のインタビュー）、Lesson 2: Fast Food（ディベート）の評価規準である。

基本の流れ

Day 1　語彙・内容確認（Listening・Reading）
Day 2　要約文完成、要約文の口頭練習、Story-Reproduction
　　　　練習（2年次後半からはOral Summaryの練習）
Day 3　Story-Reproduction発表
　　　　（Oral Summaryの場合はさらに練習を重ねる）
Day 4　最終タスクに向けての原稿作成①（1st draft）
Day 5　最終タスクに向けての原稿作成②（2nd draft）
Day 6　最終タスク発表リハーサル（教員の前で発表、ビデオ撮
　　　　影することもある）
Day 7　最終タスク発表会（ビデオ撮影あり、相互評価）

（p. 89の表を再掲）

Day 3のStory-Reproduction発表会は、以下のような基準で評価する。生徒には、Day 2の練習の段階で1) Memorization、2)

Sound、3) Deliveryの3つの基準を提示する。

Score	1) Memorization	2) Sound	3) Delivery
5	scriptに全く頼っていない。 （絵や写真を指しながら、また、適切なジェスチャー等を入れながら、内容を伝えている）	pronunciationやintonationが非常に優れている。 **※1) Memorizationが1か3のときは、2) Soundは5にならないので注意！**	eye contact（聞き手の方を見て話している）とvoice（教室の後ろまで声が届く）のどちらもOK。
3	scriptを見るのが3回程度。 ※ただしいずれも「一瞬」。	pronunciationやintonationにやや誤りがあるが自然。	eye contactとvoiceのどちらかがNG。
1	scriptから目を離せない。	pronunciationやintonationが全く不自然。	eye contactとvoiceのどちらもNG。

Story-Reproductionの点数は成績には入れていないが、生徒には基準をはっきりと示し、**生徒同士で相互評価**を行わせる。生徒同士でも、案外シビアな目でお互いの発表を評価しているようで、「適当に全員に15点をつける」などということはせず、ほとんどの生徒がしっかりと点数をつけている。また、Day 3終了時には、自己評価と振り返りをさせ、次の発表の取り組みにつなげることを意図している。**生徒自身が自分の取り組み度と出来具合を客観的に分析し、もっと良い発表をするには何をすればいいのかを把握する**ことで、授業中の意識も変わり、次の発表がより充実したものになる。

生徒には、上記の基準を示す際に、以下の点に注意するように指導している。

①**意味の固まりで区切る。**

（意味の切れ目ではない不自然なところで切っている場合は、
　　Memorizationは「5点」にはならない）
②不要な母音を入れない。
③子音を意識して発音する。
④アクセントは正しい位置に。
⑤強弱をはっきりつける。

　これらは、しっかりと文章を暗記できていなければできないことなので、まずは内容と文構造を意識しながら、暗記してくるように、Day 2の最後に念入りに指導する。特に①については、Day 2でStory-Reproductionの練習を行うときからきちんと注意させたい。なぜかというと、第4章でも述べたように、**文構造を理解した上で、英語の音・リズムと一緒に、英語の表現を頭に残させたい**からである。Memorizationの評価の中に、Understandingまで含めて考えている。そのため、不自然なところで区切っているものは、Memorizationが「3点」以下になるのである。また、全くポーズがなく、丸暗記であるとこちらが判断できるものも、内容・文構造を理解していないとし、「5点」はつけない。

★ Some animals / such as dogs, cats and rabbits / visit nursing homes. // Spending time / with the animals / gives the residents pleasure / and reduces their stress. // And also, / visiting pets can become new friends. //

★ Other animals can help people, too. / Dolphins help people / with mental problems. // Riding horses is good / for injured or disabled people. // Maybe / your own pet can help other people, too. //

（※ □ で囲まれている語句は、練習のときに黒板に提示するカードである）

Lesson 4の場合、Day 2で練習した上記の文章を発表するとき、スラッシュの部分で区切って、また、1枚のカードになっている語句はひと固まりとして、文構造を意識して言わせたいのだが、その理解ができていない生徒は、1段落目で言うと、

★ Some animals / such as dogs, cats and rabbits / visit nursing homes. // Spending time （ポーズなし） with the animals （ポーズなし） gives the residents / （不要な区切り） pleasure （ポーズなし） and reduces / （不要な区切り） their stress. // And also, / visiting pets can become new friends.

というように、不必要なところで区切ってしまったり、あるいはどこも切らずにすべての語を平坦に言ってしまったりする。そのどちらの場合も、1) Memorizationの評価は「3」以下となる。

ただし、生徒の力に合わせて、最初から完璧を求めるわけではなく、**レッスンが進むごとにハードルを徐々に上げていくようにすることが大切**である。Story-Reproductionで練習したことは最終タスクにもつながっていくので、最終タスクで自分の言葉として使える状態になるように練習させ、Day 3の発表会に臨ませることで、より深い定着を図る。

それでは、ここからは、Lesson 4、3、2の最終タスクの原稿と発表の評価規準を紹介する。第4章のそれぞれのレッスンプランとも重なる部分があるが、タスクの内容と評価基準を合わせて見ていただきたい。

Ⅰ. Lesson 4 Animal Therapy（プレゼンテーション）の場合

最終タスク（pp. 111-112のタスクを再掲）

"Animal Therapy Clinic"

1. 「最近新しくできたアニマルセラピー施設」を紹介する。（アニマルセラピーとは何か、動物たちがそこで何をしてくれるのか等）
2. 発表者とは別のグループのメンバーが、さまざまな症状が書かれているカードの中から2枚を引く。【☆カード①②から1枚、③④から1枚】
3. 発表者グループは、その症状の解消に効果のあるアニマルセラピーについて説明する。（発表者はどのカードが引かれてもいいように、全ての症状・全ての動物について準備し、練習する）

【☆カードに書かれている症状】

| ①I feel lonely. | ②I feel frustrated. |
| ③I have no confidence in myself. | ④I have bad legs. |

Structure

1. In pairs, write a script, four paragraphs long.（write two paragraphs each） 全体を4段落構成にして2人で分担して書こう
2. Use the expressions below and ones written in the textbook. 下のパターン例文や教科書の表現を使おう

Introduction

1. ①〜③から各1文ずつ選び、さらに自分で考えた文を足して、3文以上で構成する。

① ・Welcome to our new animal therapy clinic.
　・Thank you for coming to our new animal therapy clinic.

② ・We have many animals here.
　・There are many kinds of animals that can help you.
　・Many animals are waiting to take your problems away.

③ ・What kind of symptoms do you have?
　・What's wrong with you?
　・Will you tell us what symptoms you have?

Body （2 3各アニマルセラピーについて説明する）

2. Dogs, Cats & Rabbitsの効果
3. Dolphins, Horsesの効果　についてそれぞれ説明を書く。

（どのカードが当たってもいいように、教科書本文などを利用して詳しく書く）

☆"I see. Then, we recommend that you do …" のパターンを使えている場合、評価B

☆さらに、教科書にはない具体例やオリジナルのアイデアをプラスしている場合、評価A

Conclusion　以下のうちどれかを選ぶ。＋最後に決めぜりふをどうぞ!!

4. ・We hope you'll get well soon.
　・We hope you'll be better soon.
　・Please take care of yourself.

原稿

Grade	Score	1) Volume	2) Content
A	5	more than 120 words	構成がしっかりしている。決められた言い方を使って、アニマルセラピーの効果が分かりやすく説明されており、**教科書本文以外のことも使って、具体的に工夫して書いている。**
B	3	more than 100 words	構成がしっかりしている。決められた言い方を使って、アニマルセラピーの効果が分かりやすく説明されている。
C	1	less than 100 words	構成ができていない。決められた言い方を使っていない。アニマルセラピーの効果がうまく説明できていない。

上の表で分かるようにContentのGrade AとBの違いは、自分たちの意見が具体的に示されているかどうかという点である。教科書の表現をうまく使って「英借文」しながら、表現のオリジナリティーと内容のオリジナリティーが伴っているものがAとなる。

以下は、原稿例である。(教員側で作成)

Hello. Welcome to our new animal therapy clinic. There are many animals that can help you. What kind of symptoms do you have?

≪①・② のカードが引かれた場合≫
→Dogs, cats and rabbitsの効果を説明に入れる。

I see. You feel lonely/frustrated. Then, we recommend that you meet dogs, cats and rabbits. They can understand your feelings without words. Spending time with the animals gives you pleasure and reduces your stress.

> ≪③のカードが引かれた場合≫
> →Dolphinsの効果を説明に入れる。
>
> I see. You have no confidence in yourself. Then, we recommend that you receive dolphin therapy. Dolphins help people with mental problems. They show care toward you and give you confidence.
>
> ≪④のカードが引かれた場合≫
> →Horsesの効果を説明に入れる。
>
> I see. You have bad legs. Then, we recommend that you ride horses. Horses walk rhythmically. This is good for bad legs.
>
> We hope you'll get well soon. Please take care of yourself. See you.

　もしも生徒がこのような原稿を書いた場合、語数は120語以上なのでVolumeの評価はAである。また、決められた表現（**"I see. Then, we recommend that you ... "**）は使われており、アニマルセラピーの効果も教科書にあるように説明できているが、教科書本文以外のことが書かれていない。よって、Contentの評価はBとなる。

　原稿を書く時点で生徒には、「教科書以外のことも書こう」と指導しているので、"（目の前に犬がいると想定して）You can take this dog to your house. He is very smart. He can understand you. You can enjoy your life with him."などと、工夫して書く生徒もいる。また、具体的な地名や名前など固有名詞を入れ、聞き手を楽しませるような原稿を作る生徒もいる。徐々

に、教員をうならせるような原稿を書く生徒も現れ始め、Aの中でもとても良いAとBに近いAが出始めたので、とても良いAは「A+」という評価をしている（実は、A+もAも、点数としては5点で変わらないのだが、生徒はA+を目指して一生懸命書いている）。

発表

Grade	Score	1) Memorization	2) Sound	3) Delivery
A	5	scriptに全く頼っていない。（絵や写真を指しながら、また、適切なジェスチャーを入れながら、内容を伝えている）	pronunciationやintonationが非常に優れている。 **※1) Memorizationが1か3のときは、2) Soundは5にならないので注意！**	eye contact（聞き手の方を見て話している）とvoice（教室の後ろまで声が届く）のどちらもOK。
B	3	scriptを見るのが3回程度。 ※ただしいずれも「一瞬」。	pronunciationやintonationにやや誤りがあるが自然。	eye contactとvoiceのどちらかがNG。
C	1	scriptから目を離せない。	pronunciationやintonationが全く不自然。	eye contactとvoiceのどちらもNG。

II. Lesson 3　Art Is Life（ロールプレイ）の場合

最終タスク（p. 119のタスクを再掲）

Interview with Tezuka Osamu

ペアでトーク番組の司会者役と手塚治虫役に分かれ番組収録を行う。見ている生徒は収録を見に来たお客さんになり雰

囲気作りを行う。(ビデオ撮影あり)

1. ペアで手塚さんへの質問を考える。
2. その際、インターネットで調べないと答えが分からないようなものではなく、英文から答えを導くことができるような質問を考える。ただし、「そのときの心情は」などの質問も英文から想像できるものとして質問に入れてよい。
3. 2人で考えた質問をクラス全員で出し合い、全体で5つに絞る。
4. 司会者と手塚治虫の役割分担をし、原稿を作成する。
   ・司会者役は、必ず手塚さんの経歴を3文以上で簡単に紹介してから質問をすること。(テレビ番組『徹子の部屋』をイメージ)
   ・手塚さんの答えは、1言だけでなく説明を加えること。
5. 発表は、質問を考えたペアとは違う組み合わせのペアで行う。
6. 手塚さん役は、質問カード1〜5のカードから3枚選び、司会者役はそのカードの質問をする。
   ・司会者役は、手塚治虫役の答えに、"Really?"などの反応をすること。また相手が言ったことを繰り返すこと。

例：Tezuka: I was born in Osaka.
　　Host: Oh, Osaka? (You were born in Osaka?/Born in Osaka?) Really?　反応と繰り返しはどちらが先でもよい。

| 原稿 （役割によって分量が変わるため、Contentのみを評価） |

Grade	Score	Content
A	5	手塚治虫役：3つの質問に答え、質問に対し、1言だけでなく説明を加えている。また、**その説明が興味を引くものである。自分の表現である。** 司会者役：手塚治虫の経歴について、3文以上の説明があり、**本文の抜き出しが少なく、分かりやすくなるよう工夫されている。**
B	3	手塚治虫役：3つの質問に答え、質問に対し、1言だけでなく説明を加えている。ただし、**自分の表現ではなく抜き出しに頼っている。** 司会者役：手塚治虫の経歴について、3文以上の説明があるが、あまり工夫されていない。
C	1	手塚治虫役：3つの質問にすべて答えていない、または、質問に対し、1言だけでしか答えていない。 司会者役：手塚治虫の経歴について、3文以上の説明がない、または分かりにくい。

発表 （司会者役と手塚治虫役で評価方法が異なる点がある）

1. 聞き手を意識し、また本文の内容を自分のものにしているか

Grade	Score	
A	5	話す相手を見て話し、感情を込めている。（意味のまとまりでポーズをとっている）
B	3	話す相手を見て話しているが、棒読みだったり、意味のまとまりでない部分でも区切っている。
C	1	メモを何度も見る／原稿がないと発表できない。

※司会者役であれば、自分が話している内容に合わせて話しかける相手が変わるので、手塚治虫、オーディエンス、ビデオカメラ、と顔や体の向きを変えて話すことが重要である。

2. 声量は適切か

Grade	Score	
A	5	教室の後ろ（スタジオのお客さん全体）に聞こえる大きさである。
B	3	話している2人の間でやりとりができるくらいの声の大きさである。
C	1	目の前の相手にも聞こえないときがある。

3. 司会者役の繰り返しができているか

（この点については司会者役のみ評価する。司会者は手塚役の答えに反応し、さらに答えを繰り返す）

Grade	Score	
A	5	反応と繰り返しが3つともできている。
B	3	反応と繰り返しが2つはできている。
C	1	反応と繰り返しが1つはできている。

◇手塚治虫役　**1.**を2倍の点数にしたものと**2.**の点数を足して、15点満点とする。

◇司会者役　　**1.**～**3.**の合計で15点満点とする。

　以下は、最終タスクの説明の際に生徒に示したものである。

Host（以下H）：When a senior doctor looked at your sketch, what did he say to you?

Tezuka（以下T）：He said, "You are a born manga artist."

H：A born manga artist?（←ここで「繰り返し」）That's interesting.（←「反応」する）What did you think then?（←さらにアドリブで質問すれば司会者役はA＋）

T：I wanted to become a manga artist.（アドリブの質問に答えられたら手塚役もA+）

このやりとりを3つの質問に対して行う。司会者役は、すべてのやりとりで反応と繰り返しができれば「5」をもらうことになる。どれか1つの質問でも、アドリブで追加質問できたときはA＋とする。この活動は、最後のディベートにつながる活動として設定したものである。相手の言葉を繰り返すためには、内容理解と英語力が必要である。実際、その場でやってみようとすると、とても難しい。生徒にも、あきらめずに何とか英語で言いたいという気持ちが芽生えてきた。

　発音に関しても、相手が繰り返しやすいように、英語らしく、そしてはっきりとした発音を心がけさせる。

Ⅲ. Lesson 2　Fast Food（ディベート）の場合

最終タスク

○●○How to Debate○●○	
☺**Affirmative side**☺ (Fast food is good.)	☹**Negative side**☹ (Fast food is NOT good.)
Opening statement (1 min.)	
	Opening statement (1 min.)
Intermission (1 min.)	
	Confirmation (1 min.)
Confirmation (1 min.)	
Intermission (2 min.)	
Rebuttal (1 min.)	
	Rebuttal (1 min.)
Intermission (1 min.)	
	Final statement (1 min.)
Final statement (1 min.)	

　Lesson 2の最終タスクでは、グループ内での役割がそれぞれ異

なるため、事前に用意する原稿自体は評価に入れず、グループ全体の取り組みとして、**発表のみを評価**する。自分たちの意見をしっかり表明でき、さらに相手チームの意見とうまくかみ合う意見を言うことができていれば、原稿も理解しながら書けていると判断することができるからである。また、ディベートは時間も短く、展開が早い。そして評価する側も受け取る情報が多いので、**なるべくシンプルに、分かりやすい評価基準**を作成した。それぞれのステージで評価することを2つに絞っている。

1. 自分たちの意見について、説明を付けて述べることができたか（Opening statement）

Grade	Score	
A	5	自分たちの用意した2つのポイントについて、理由・説明・具体例を付けて述べることができた。
B	3	1つのポイントについて、理由・説明・具体例を付けて述べることができた。
C	1	ポイントのみ述べることができた。

"Fast food is good for our lives"という論題に対して、肯定派（affirmative side）は、

> We agree that fast food is good for our lives. We have two reasons to support our ideas.
> 　First, fast food is very convenient. When we are busy, we can buy fast food and we don't have to cook at home.
> 　Second, fast food is very cheap. If we have 100 yen, we can buy a hamburger.
> 　For these reasons, we think that fast food is good for our lives.

と、下線部のように、ポイントと具体的な説明を述べる。2つのポイントについて、このように説明をつけて言えた場合は「5点」となる。ポイントのみを述べて、具体例がない場合は「1点」となる。Opening statement担当者には、相手チームが聞き取れるように、ゆっくりはっきりと発表するように指導する。

2. 相手の意見を聞いて理解し、繰り返すことができたか（Confirmation）

Grade	Score	
A	5	2つのポイントについて、理由・説明・具体例を付けて繰り返すことができた。 （※相手が1つのポイントしか述べなかった場合、1つをしっかり繰り返せれば5点）
B	3	1つのポイントについて、理由・説明・具体例を付けて繰り返したが、もう1つについては理由や説明を言えなかった。
C	1	ポイントを繰り返したのみだった。

否定派（Negative side）のConfirmation担当者は、

> The affirmative side said that fast food is good for our lives. They have two reasons.
> First, fast food is convenient. When we are busy, we can buy fast food and we don't have to cook at home.
> Second, fast food is cheap. If we have 100 yen, we can buy a hamburger.
> For these reasons, they think that fast food is good for our lives.

というように、相手側がOpening statementで言ったことを繰り返す。相手が時間内に言い切れなかった場合や具体例を説明しなかった場合は、相手が言ったことをそのまま言えていれば「5点」とするが、ディベートとして成り立つように、Opening statement担当者には、時間内に2つのポイントについて、必ず説明もつけて言うように指導する。時間を計って練習もする。

　黒板に各チームのポイント（キーワード）が張ってあるので、それを見ながら言うこともできるのだが、ポイントだけを述べて終わってしまった場合には、相手が言ったことを理解しているのか判断できないとし、「1点」になる。例えば、"They said that fast food is good for our lives. Because fast food is convenient and cheap."と言って、何が便利なのか、どういう時に便利なのか、安いと何がいいのかなどを言わずに終わってしまった場合は「1点」である。

　黒板には、以下のようにポイントを張ってある。

Fast food is good for our lives.

Affirmative side	Negative side
Convenient	Unhealthy
Cheap	Addictive

　また、その場で正しく口頭英作文して言える生徒は、かなり英語力が高い生徒である。"They said that fast food is good for our lives. Because convenient."と言ってしまう生徒が多かったので、そのように**S＋Vで言えない生徒が多い場合は、Day 9で対戦が終わった後に、クラス全体で確認を行い、文構造にも意識を向けさせるようにした。**

3. 相手のグループの意見について、説明を付けて反駁することができたか（Rebuttal）

Grade	Score	
A	5	2つのポイントについて、理由・説明・具体例を付けて反駁できた。
B	3	1つのポイントについて、理由・説明・具体例を付けて反駁できた。
C	1	反対であることを表明しただけだった。（反駁せずに終わってしまった）

ここでは、否定派の場合は、

> First, they said fast food is convenient and it means we don't have to cook at home. <u>We see what they mean, but if we eat fast food we spend less time with our family or friends. We feel lonely. So we should cook for ourselves at home.</u>
>
> Second, they said fast food is cheap. <u>We see their point, but fast food is not so cheap. If you buy a hamburger, a salad, and a cup of coffee, it costs more than 500 yen.</u> And also, if you eat fast food every day, it's not healthy.
>
> So, fast food is not good for our lives.

下線部のように、相手の意見に対して、具体的に説明を付けて反駁できれば「5点」となる。もともと相手が何を言ってきそうか予測をして本番に臨むのだが、少し言葉の使い回しが違ったりすると、途端に分からなくなる生徒も多く、なるべく**いろいろな**

表現に対応できるように準備させることが大切である。本番では緊張もしているので、用意したものと同じことが、違う言い方で言われてしまい、うまく反駁できなかったチームもあった。

4. 自分たちの意見について、説明を付けて述べることができたか（Final statement）

Grade	Score	
A	5	2つのポイントについて、理由・説明・具体例を付けて述べることができた。
B	3	1つのポイントについて、理由・説明・具体例を付けて述べることができた。
C	1	ポイントのみ述べることができた。

最後は、自分たちの意見をまとめる。肯定派の場合は、

> We think that fast food is good for our lives. Now, we will summarize our ideas. There are two main points for our side.
>
> First, fast food is very convenient. When we are tired and we don't want to cook, fast food helps us. We can relax more at home.
>
> Second, fast food is very cheap. For example, McDonald's have cheap options, such as its "happy set." It is very easy for anyone to afford.
>
> For these reasons, we believe that fast food is good for our lives. Let's enjoy our life with fast food!

このようなことが言えれば、「5点」となる。Opening statementで言った内容を、一字一句そのままではなく、表現を少し変えるようにと指導する。また、簡単な言い方を心がけさせる。最後はジャッジに訴えることができるように、Opening statementとは違う言い方をし、さらに決めぜりふを用意する。生徒は柔軟に考えることができるので、教員側が思いつかないような決めぜりふを言うこともあり、驚くことも多い。

　ディベートでは、生徒の英語力に合わせて、バランスを考えたグループ編成をする。役割分担するときにはこんなふうに生徒には声をかける。

　「ディベートが始まる前に原稿を準備できるのがOpening statementとFinal statement。Opening statementはグループの第一印象にもなるので、とても大切な役割。Final statementはディベート中に相手が言ったことも踏まえて、自分たちの意見を分かりやすくまとめる。そしてジャッジが納得するように、心に届く表現を使って話そう」

　「Confirmationは、相手の言ったことを理解して、文にして言わなくてはいけない。相手の言いそうなことをなるべくたくさん予想しておくことが必要」

　「Rebuttalは、相手の意見とかみ合うように反論しなくてはいけないので難易度が高い。でもこれができたら最高！」

　などと話し、各自の英語力をよく考慮して役割分担するようにさせる。**英語が苦手な生徒には、練習すればしっかりできるものに取り組ませて自信をつけさせ**、一方で、**英語力の高い生徒や英語が好きで得意な生徒には、なるべく難しいものにチャレンジさせ、達成感を味わってもらいたい。**

　さらに、準備段階も含めて、自分の担当個所だけでなく、他の

メンバーの担当個所についてもお互いに助け合うように指導するため、個々人の評価ではなく、1〜4での点数をすべて合計した点数（20点満点。Speak Out Ⅱ Lesson 4: Living with Animalsのディベートでは、Rebuttalを2回にしたため、25点満点）をそのグループ全員の成績点とする。

　指導・評価の観点として、「自分たち側の考えをはっきりと分かりやすく表明したか」、「相手側の意見に対して、きちんとかみ合う意見を述べることができたか」という点を評価している。対戦は、Day 9とDay 10の2日間行うので、「ディベート1回目＋2回目」として、そのどちらも成績に入れている。

4. 評価のための準備〜評価者間研修で目線合わせ〜

　Speak Outは平成24年現在、3クラス2展開の計6クラス（平成22年度入学生までは4クラス2展開の計8クラス）を2つの年次で行っている。それぞれ担当者も多いので、共通のものさしを持っておくことが非常に重要である。つまり、それは**指導方法の共有**であり、**目指す生徒像の共有**であるからだ。そのために、評価者間研修を年2〜3回行うようにしている。他の業務もあり忙しいので、毎レッスンで行うことはできないが、生徒の発表を撮ったビデオを見ながら、どういう評価をするのかを視覚的に共有する。クラス間、評価者間で大きなズレが生まれないように心がけている。

　また、担当者が集まって新しいレッスンプランの手順を確認するときには、評価についても、生徒たちの現時点までの出来具合を共有し、どのような発表になりそうか、どこまでできそうか話し合っておく。評価者間研修は、次のような形で行う。

①生徒の発表を撮ったビデオを大きなテレビで見て、実際の評価用紙を用いて点数をつける。
②どのような点数をつけたか共有する。

　内容（具体的であるか、オリジナリティーがあるか）についてと、発表（Memorization、Sound、Deliveryの3点）について各自で点数をつけ、その場で、「原稿の内容点はどうですか？」「教科書以外の具体例が上手に使われているので5点」、「Memorizationについては？」「見ないで言えているが、文構造を理解していない区切り方をしているので3点」……というように進めていく。

　例えば、Story-Reproductionについては、「すらすらと言えているが抑揚のない生徒」と、「とても元気だがものすごい速さでポーズなしで発表をしている生徒」などを見て、これらの生徒たちにどのような指導をしたら今後の発表が良くなるか、定着が良くなるのかを話し合う。どのクラスにも同じようなタイプの生徒がいるので、それぞれの担当クラスの生徒の実名なども挙げながら、生徒たちの英語力も考えつつ、情報を共有する。

③もしも点数にズレが出そうなときには、なぜその点数をつけたか理由を話し合い、何点にするのが適切か決める。

　最終タスクの評価において、大きく評価が分かれること（ある教員は内容点で「5点」をつけ、ある教員は「1点」をつけるなどといったこと）はないのだが、注意が必要なのは以下のような場合である。

● **原稿の内容もまずまず、発表もまずまず。**
　→教員側の求めているレベルによって、評価が分かれやすい。
　具体例が足りないと感じることもあれば、このくらいできれば

十分と感じることもある。指導方法にも関わることなので、Speak Outの発表に慣れてきたら、教科書の抜き出しでとどまらないように、なるべく具体的になるように、規準を合わせる。生徒に求めるレベルを徐々に上げていく。なぜ規準を合わせなければならないかというと、教科書の抜き出しのみを続けた生徒と、具体例まで書くことを続けた生徒では、最終的な伸びに差が生まれるからである。

● **とても元気よく発表しているが、文の区切り方や発音が正確ではない。**
→②のStory-Reproductionの部分で紹介した生徒と同じ理屈だが、発表でカバーされているように見えるので、高く評価したくなる。しかし実は内容を理解していないままで発表していることが多いので、Memorizationについては「3点」になる。**発表が定着につながるように、また間違ったまま定着しないようにするためである。例えばリハーサルの段階で、途中で教員側から質問を入れて止めたりしてみると、理解しているかどうかがよりはっきりと分かる。**

5. 段階的に力を伸ばすために

Speakingの力は一朝一夕には伸びが見られない。そのため、スモールステップで目標を上げていき、**3年間の最後にどういう状態になって卒業してほしいのか**を考える。授業で使用する評価用紙や生徒への説明はなるべくシンプルに、評価基準があまり細かくなり過ぎないように心がけているが、実はその背後には、Speak OutのCAN-DOリストとして、担当者で作成したもっと詳しいものがある。これを教員間で共有し、指導・評価の際に参考

にしている。

　だいたいどの時期までに、どれくらいのことができていれば良いのかを決めておくことで、生徒の成長度を冷静に見極めることができる。できないということが分かれば、具体的に練習内容を変え、できるようにしていく。できるようになれば、次のレッスンではどこまでの出来を求めるのかを頭に置きながら授業を進めていく。

　個々人の英語力の高さや、中学校までの発表活動への慣れ具合などが生徒によって異なるので、だいたい**全体の7割の生徒ができる目標を設定**する。

　p. 175の「Speak Out I 到達目標」は、どの時期に何に重きを置くかを大まかに示した表である。全レッスンを通してのゴールは、「内容を理解した上で、分かりやすい英語で考えを述べることができる」だが、急にはできるようにはならないので、Speak Out I、IIの2年をかけて、じっくりと少しずつ負荷をかけ、素地を作っていく。そのステップの中で、英語の基礎を固めると同時に、生徒一人一人が自分の良さを最大限に生かした発表ができれば、と教員は願っている。

　Speak Outを通して、「今は人前で話すのが苦手な人でも、人と話すのが得意でなくても、あなたなりのやり方で、**あなたが伝えたいことを、きちんと相手に伝えるだけの力、そして相手の言葉を丁寧に聞き、理解できるだけの力を身につけよう**」というメッセージを送り続け、生徒たちを応援していきたい。

Speak Out Ⅰ 到達目標

月	Lesson	Final Task	大まかな到達目標
4月	Show & Tell	Speech 自分の所有する物を見せながら説明し、自己紹介する	人前での発表に慣れる
5月	L1 Smile!	Presentation 特定の人にsmileの効用をアピールする	内容を理解した上で、暗記して発表する
6月	L4 Animal Therapy	Presentation 悩みを抱える人にanimal therapy施設の利用案内をする	↓
7月	L3 Art Is Life	Role Play（Interview） トーク番組の司会者・手塚治虫になって番組収録を行う	①相手にとって分かりやすい話し方をする ②相手の言ったことを理解して繰り返し、さらに会話を続ける
8月	↓		
9月	L6 Water of Life	Presentation ニュースキャスターになり、水問題の実態と解決策を提案する	内容を理解した上で、分かりやすい表現を使って話す
10月	L9 Hana's Suitcase	Skit ハンナやジョージなど登場人物になりきって演じる	感情を込めて、分かりやすい英語を話す
11月	L8 The Secret of the Arch	Presentation 科学の先生になり、中学生にアーチについて授業をする	聞き手を意識し、複雑な表現を分かりやすく言い換えて話す
12月	↓		↓
1月	L5 Dreams Are for Everyone	Reporting 自分のモットーについて述べ、他者の考えを聞き、さらに別の聞き手に伝える	①聞き手を意識し、具体例などを用いて分かりやすく話す ②相手の言ったことを理解して繰り返し、さらに会話を深める
2月	L2 Fast Food	Debate "Fast food is good for our lives." 賛成派・反対派に分かれて討論する	1年間の総まとめ ①相手に伝わりやすい表現を使う ②相手にとって分かりやすい話し方をする ③相手の言ったことをしっかり理解し、適切な意見を返す
3月			

第6章

Speak Out 方式の効果
～生徒の成績・反応～

1. 生徒の学力について

　これまで述べてきたように、Speak Out方式は前年度学習したことを繰り返す授業方式である。繰り返す＝前に戻る＝学習のレベルが今より低くなる、というイメージを持つ方がおられるかもしれない。しかし、実際は前に学習したことを用いて発展的な活動をしているので、決して低いレベルのことを行っているわけではない。また、スピーキングを行って、「読む」、「聞く」、「書く」力（中でも読む力）を伸ばすことができるのか、という疑問をお持ちの方も多いと思われる。そこでこの章では、これまでの生徒の学力的な伸びや行動面、意識面の変化についてふれたい。

◎GTEC for STUDENTSの結果から
○研究対象年次（平成21年度入学生）が年1回受験した。
○1年次10月　　2年次12月　　3年次10月

1. 3年間の成績の伸び
(1) 全国平均との比較（技能別）

＊表中の①～③は年次・学年を表す

	Total score	Reading	Listening	Writing
鶴岡中央	①→② ＋17.1 ②→③ ＋48.6 ①→③ ＋65.7	①→② ＋13.5 ②→③ ＋19.2 ①→③ ＋32.7	①→② ＋9.1 ②→③ ＋12.9 ①→③ ＋22	①→② －6.1 ②→③ ＋17 ①→③ ＋10.9
全国平均	①→② ＋38 ②→③ ＋16 ①→③ ＋54	①→② ＋15 ②→③ ＋8 ①→③ ＋23	①→② ＋18 ②→③ ＋7 ①→③ ＋25	①→② ＋4 ②→③ ＋1 ①→③ ＋5

p. 177の表のように本校は、**2年次から3年次にかけて大きく成績を伸ばしている**。1年次10月から2年次12月（Speak Out導入から8カ月目）では、得点に大きな変化は表れていない。しかし、2年次12月頃の授業では、生徒はだんだん発表を楽しむ余裕が出てきていると教員側は感じている。周りの反応を見ながら話す生徒が増えてきたのだ。

　Speak Outの2年目、点数が大きく伸びている2年次12月から3年次10月では、授業内外でふれる英語の総量や問題演習量も大幅に増加するために知識が増える。さらに基本が定着していることによって、レベルの高いものも吸収できるようになった……という相乗効果が表れたのではないか。

　また全国平均と比較したとき、大幅に得点が伸びていることからも、Speak Out導入には効果があったと言えるのではないだろうか。特に**Writing sectionの1年次から3年次にかけての伸びが全国平均の約2倍**であり、特徴的である。（他のGTEC for STUDENTS受験校の英語指導法との比較や本校の他年次との比較ができないので、このデータだけでは結論を出せないという制限はあるが）

　Listening sectionについては、あまり大きな伸びは見られなかった。理由としては、授業中の教師の英語使用量は増えたが、CDやネイティブスピーカーの音声には慣れていない状態だったことが考えられる。ただし、3年次のGTEC for STUDENTS受験（10月）後、センター試験に向けてのリスニング演習を行ったところ、2カ月で点数がかなり伸びた。これは、伸びるだけの素地を作れたからか。もしもSpeak Outを行っていなかったら、ここまでの点数の伸びはなかったかもしれない。

(2) 全国平均との比較（Grade別）

　制約がありデータを載せることができないが、Gradeが上がるほど、全国的には伸び悩む傾向にあるようだ。これは例えば、2年後半から英語を話したり書いたりする機会が減る学校が多いからか。しかし、本校の生徒の結果（Grade 1～5に分布）を見ると、上の方のGrade 5に達した生徒の伸びが一番大きい。

　(1)(2)の両方から分かることだが、指導を始めてからその効果が表れるまでには長い時間がかかるので、教員も生徒もそのタイムラグに耐え、**最後に成果が表れるのを信じ、指導を継続していく必要がある**。1、2年次でしっかり基礎力がついていれば、3年次になったとき、受験前までに力が大きく伸びるのでは、ということが期待される。

2. Writing sectionについて

> テーマ 「あなたの学校について気に入っていることや、誇りに思っていることなど、自分の学校以外の人に伝えたいことは何ですか。1つ取り上げて、どういう点が気に入っているのか、または誇りに思っているのか、その理由を書きなさい」

　テーマが書きやすかったためか、全体的に書いた分量が多い。学校祭や球技大会以外にも、Speak Outや学習センター（本校の図書室）について書いている生徒もいた。さらに、生徒の答案には、**教科書で扱われている表現や授業中に練習した表現が多い**ように感じた。英語Ⅱやリーディングで登場した表現も多い。英語に関する科目全体での取り組みと同時に、Speak Outでのoutput活動の効果か。

Grade 5の生徒は3や4の生徒に比べ、書いた分量が明らかに多い。そして、**Grade 4以上の生徒は、誰でも思いつくような通り一遍の内容ではなく、自分自身の体験や考えを必ず盛り込んでいる。**

　これは、**Speak Out**の目的「自分の意見や考えを英語で述べる」を達成していることを示している。さらに、**使用する語彙が豊富**だということは、彼らの中にある語彙はもっと豊富だということである。スピーキングをさせたときに全く同じ結果になるとは限らないが、制限時間つきのライティングでこれができているということは、彼らの今後に期待が持てるのではないだろうか。

　ただし、**正確さを求めるとなると、さらに訓練が必要**である。**例えば名詞の単数・複数や動詞の時制、品詞の選択には間違いがかなり多い**ので、時々それらを取り上げ、頭の中を整理してあげることが必要である。

　以下は生徒の答案をそのまま抜き出したものである。＊の付いている単語や文は誤りを表す。

　（　　）内は、文法・語法の間違いや単語の抜けを捕捉・修正、説明したもので、生徒はおそらくこのように言いたかったのではないかと文脈から推測したものである。

(1) 単語、イディオムはバラエティ豊か

　スペリングミスや品詞の間違いは多いが、出てくる単語のタイプが豊富。おっ！いいぞ！と思ったところでは、

名詞　relationship, reaction, cooperation, importance, personality, visitors, quality, pleasure, society, purpose, opinion, success, talent, audience, stand/food stand等　plenty of, variety of等の表現も！

動詞　be/become familiar with, (be) *divided (into), take part in（文脈に合わせて過去形も使えている）, concentrate on, contribute to, create, look forward to, seem to, be established, appear, be embarrassed, pick up, separate等

形容詞　various, convenient, professional, enough, comfortable, expect, successful, both, each, appropriate, useful, standard等

副詞　especially, specifically, abroad, effectively等

(2) 文法も定着しつつある

not only A but also Bはお手の物だが、構文等も果敢に使っている！

助動詞couldを使ってみたり（ある生徒はcould enjoyは書けたが、*could wonになってしまったので、まだ正確な知識とは言えない）、should を使ってみたり。Everyone should come to our festival.

現在完了形を使ってみたり。*We have learned (Speak Out) for two years.

- It is fun for me to eat some food and enjoy our attraction.（「学校祭のクラス企画」ということを言いたくて、attractionという単語を用いたと思われる）
- It is important to interact with local people.
- I came to read more books than before.
- Our school festival is the best in this city.
- *If I hadn't entered this school, I wouldn't (have) met them.
- It leads to improvement.（「学習室」を利用することで、学力が上がると言いたかったようだ）
- How about coming to our school? Why don't you play sports

with me?等、読み手に呼びかけている生徒多数。スピーキングテストでも同じ傾向があるので、常に相手を意識しているということか。

- My friends are so unique that I can't help laughing.
- *We are too enjoy to mind temperature. 品詞の区別がついていないが……。
- *We will be able to be full of pleasure. ちょっと惜しい！
- *I don't know how to play the（the不要）soccer.
- I should have trained hard. I was annoyed.
- My class was so strong that we became the second strongest in our school at sports.

比較表現も多数。

- *No other important than deciding to something to ourself in my school. 文法的には正しくないが、比較表現を使ってみようとした結果か。Good try!
- *I'm more and more familiar with other grade students.（「今は、中学に比べて、他学年の生徒との関係が良いので、学校がより好きだ」という文脈のようだ）
- I'd like to talk with them（for）as long as possible.
- *My school library has a lot of books better than I have.（「自分も家にたくさん本を持っているが、学校の図書館にはもっとたくさんの種類の本があって面白い」という文脈のようなので、My school library has a lot of better book than I have. が適切な文）
- We are better than two years ago.
- One of the most popular events …

(3) ディスコースマーカーもよく使われている

There are many (two, three,...) reasons. First (firstly), second (secondly), third, ... finally, ...等はほとんどの生徒が使おうとしている。→事前指導の効果もあり。

その他、Moreover, in particular, particularly, especially, as a result, that is to say, on the other hand, however, therefore, thanks to, for example, for instance, for these reasons, also, *all above (above all), by the way（←実際は話題転換するような場面ではない……おそらく書くことがなくなったので、急に話題を変えたと思われる）

(4) 関係代名詞や関係副詞も使おうとしている!!

Speak Outの原稿にこれが出てくるようになったのは3年次の春頃。

- *He is (a) teacher who protect (protects) students.
- *We can choose (the) school uniform which I (we) want to wear.
- *There are many kinds of subjects which we can major (in) in my school.
- *My school has many students who is (are) very funny.
- *I thank for（for不要）them who have been（been不要）taken care of me when I study.
- *They teach us many things that I (we) don't know.
- That is why I'm proud of this school.

(5) 受動態や使役も

定型表現的に覚えているものも。きちんと理解して使っているかどうかは微妙。

- *We have (a) school festival. It is held in summer.
- *(The) Photo art is (was) made by all school students.（その年の学校祭で、学校中から3000枚以上の写真を集め、それらを張り合わせて1つの大きな絵を作ったことを書いている）
- *I enjoy (enjoyed) making (the) photo art.
- *I have ever（ever不要）been helped by many teacher (teachers) for three years.
- It made me happy.
- *My school was built 12 years old (ago).
- My high school has a class named "SO."←Speak Outの授業について書いている生徒も多い。

◎スピーキングテストの結果から

　定点観測としての本校のスピーキングテストについては第3章で述べた通りである。これまで我々教員にとって、スピーキングテストは何か特別なもの、国際交流系列の生徒に対して行うもの、という意識があったことは否めない（p. 51でふれたが、本校には普通科と総合学科があり、国際交流系列は総合学科5系列の中の1つである）。しかし、普通科の生徒を対象に行ってみて、さまざまな効果があったと感じている。ここでは、研究対象生徒（平成21年度入学生）に行ったスピーキングテストにおける生徒の変化や教員の意識の変容について、面接官となった教員の感想（抜粋）を中心に、ふれていきたい。

〈テストの内容〉

【質問内容】

"Please tell me about yourself."

【評価基準】

●分量（3点）

評点	評価基準
3	制限時間をほぼ満たし、流暢に発話している。
2	やや沈黙が見られる。
1	沈黙が多く、情報量に乏しい。
0	無言。全く答えられない。

●内容（3点）

評点	評価基準
3	意味が伝わり、内容に深まりがある。
2	意味がほぼ伝わる。
1	意味がほとんど伝わらない。
0	無言。全く答えられない。

※ 1回目と2回目はテストの内容が一部異なる。

【テストの時期】

第1回目：1年次10月

第2回目：1年次 2月

第3回目：2年次 2月

第4回目：3年次10月

※ 研究1年目はテストの内容や評価が定まるまで時間がかかったため1年次の第1回目は10月に実施した。

〈テストについての教師の感想〉

第1回（平成21年度10月実施）〜研究初年度・秋

（1）良かった点

・一人ずつ話す様子が見られて、とても良かったと思う。クラス

の中では英語らしく発音するのを恥ずかしがるような生徒も、インタビューではなるべく正しく発音しようという姿勢が見られた。
・文法のミスなどがどうあれ、積極的に表現しようとしている生徒が多くいた。普段黙っている生徒も話すと違う面を見せてくれた。
・意欲的に話そうとしている様子が多く見られた。「言いたいことを言えない」もどかしさが、今後の英語学習（speaking、writing、語彙など）へのきっかけとなればよいと期待する。生徒は英語を話せるようになりたいのだなあ……ということを強く感じた。スピーキングテストの結果を追い求めるというよりは、このように話す機会を持つことが大切なのだとあらためて感じた。

(2) 生徒の返答についての問題点

・事前指導をしたため、準備をしてきた生徒も多かったものの、30秒～1分で言い尽くし、あとは沈黙の時間となる生徒も多かった。今後、質・量共に伸びていくことを期待したい。
・内容について1つの話題を掘り下げようとするあまり、内容が深化するというよりは、連想ゲームのように話題が波及していき、最後には何のことを話そうとしていたのか分からなくなっている生徒が見られた。論点の整理がついていない。

(3) 生徒の、間違いで多く見られたもの

・I like sports is baseball.
・My hobby is A and B.
・I hobby is ～
・I watching baseball.

- I favorite food is 〜
- 日本語的な発想　I like sea. Star look well in the sea.

(4) テスト方法に関する改善点
- 面接官はどこまで相づちを打っていいものか悩んだ。こちらのうなずきが多い場合、生徒は安心するためか、自分が言っていることに自信を持つためか、発話量が若干増えるので、多くの発話を引き出したいときにはいいのかもしれない。
- 自己紹介については、書いた原稿をそのまま覚えて答えた生徒が結構いた。が、それはそれで、ライティングの練習になっているのでこのテストの波及効果であったと思う。

> 普通科の生徒対象の第1回目のテストである。緊張している生徒もおり、また、持ち時間の1分間をうまく使えない生徒も多く見られた。伝える内容も中学校で指導を受けてきたような自己紹介で、人を引きつけるような内容を話す生徒はわずかであった。しかし、我々にとっては、「普通科の生徒でも話す場を設定すれば話せるようになるのではないか、今までは話す場を与えていなかったのだから話せるようにならないのは当たり前だったのだ」ということを体感することができた場であった。

第2回（平成21年度2月実施）〜研究初年度・年度末

(1) 良かった点
- 1つのことについて深く話そうとする生徒が多く見られた。また、1分間をフルに使う生徒が多かった。
- 生徒が準備してきていて、前回と比較すると内容にも深まりがあった。スピーキングテストに対する生徒の意識は高まってき

ていると思われる。
・最近授業で出てきた文法項目(比較等)を使おうとする生徒もおり、outputさせる良い機会だったと思う。
・生徒の発話に相づちを打ったり、質問できたりしたのが良かった。
・インタラクティブな会話を意識し、こちらの質問の仕方やタイミングの勉強になった。(時間が短かったが)生徒にとっても一方的にとうとうと話すより、緊張感が出てよいと感じる。次回は生徒がこちらの質問に答えるのに慣れてくれることを期待する。

(2) 生徒の間違いでよく見られたもの
・日本語のつなぎ言葉の「〜だが」(andやso)をbutを使用して話す生徒が見られた。
・1つのことについて多くのことを話そうとしてandが連発されていた。
・主語と動詞が一致しない、能動態と受動態の混同。
・「助動詞+原形」があまり使えていなかった。 例:can enjoyed 〜
・〜 is 〜 is 〜の繰り返しがよく見られた。
・面接官の顔を見て話せない生徒が数名いた。

(3) テスト方法に関する改善点
・1年次で1分を使って十分話せたので、2年次では持ち時間は1分半にしてもよいかと思われる。また、これからは社会的なことについて話し出す生徒も出るかもしれないと期待できる。

> 　第1回目から4カ月ほどたっている。第1回目は30秒で話し終える生徒が多数いたが、今回は1分間をフルに使う生徒が多かった。生徒たちの話す内容も当たり障りのない内容からオリジナリティーのあるものになってきている。教員側も、生徒にoutputをさせることによって、定着している語彙・表現を知ることができ、どう指導すれば定着につながる、というような糸口が次第に見え始めてきた。
>
> 　反対に、生徒の文法・語法の間違いもよく分かり、次の指導にどう生かすかという共通認識のようなものも見えてきたように思われる。今回は外国語科ほぼ全員が面接官を担当した。外国語科みんなが関わることで研究にも関心が出てきた時期でもある。

第3回（平成22年度2月実施）～研究2年次・年度末

(1) 良かった点

・1つのことについて深く話そうとする生徒が多く見られた。1分間をフルに使う生徒が多かった。
・前回よりもさらに、1つの内容について深く言及しようという姿勢が見られた。
・使用語彙に、既習のものを用いている様子がうかがえた。
・英語Ⅰ、Ⅱで学んだ語彙をうまく使用して、表現が昨年より高校生らしくなっていた生徒が見られた。単なるtalk withとかcommunicate withでなく interact with（英語Ⅱの教科書のLesson 1）、自分が好きな選手をappealing（同Lesson 1）と言い、なぜそうなのか説明。英語の勉強をすることで海外のボランティアにtake part in（同Lesson 8）など。
・literatureといった語句を駆使していた。（同Lesson 7: The World of Hiroshigeで学習した語）

- 準備をしっかりしてテストに臨んだ生徒が多かったと思う。暗唱になっているような生徒は見受けられなく、取り組みがよいと思った。
- カメレオンの話をする生徒もいて内容もユニークだった。特に理系。
- よく中身を考えており、また構成の仕方も、That is whyでしめるなど、分かりやすく上手だった。
- 実物（本）を持参してプレゼンする生徒などもいた。
- First, ～. Second, ～. などを用いた生徒がいた。
- 話し方や席に着いたときのあいさつなど、昨年度と比べ、自然で、英語で話すことに慣れた様子が感じられた。
- "interactive"を意識した指導を行っているからか、"Do you think so?" "Do you want to listen?"など、教師に質問してくる生徒が数名。やった！と思った。

(2) 生徒の使用語彙

competition, however, possible, respect, influence, energy, especially, personality, image, not only A but also B, appear, animated cartoon, sympathize, dressed like her, melancholic, concentration, necessary, makes me strong, calmly, instrument, tone, performance, dynamic, actually, attractive, limitation, painful, various, recommend

(3) 生徒の間違いでよく見られたもの

- isとhasの混同、likeの後が原形、主節と従属節との関係をよく把握しておらず、接続詞を誤用している。
- 代名詞の誤用。所有格と目的格を間違えるなど。
- needの後が原形。I need run fast.など。

Speak Outでの学習が1年たとうとしている頃である。前回の結果と比較して、クラスによって若干の違いはあるが、全体的には向上が見られた。

＜平均評点の前回との比較＞ p. 185の【評価基準】参照

分量：2.09点→2.30点（0.21点↑）

内容：2.30点→2.33点（0.03点↑）

全体：4.36点→4.59点（0.23点↑）

　単なる自己紹介にとどまらない、「自分らしさをどう伝えるか」を意識して表現する生徒が昨年より多く見られた。これは、Speak Outでの指導の結果と、他の生徒の発表を見ることによる効果とも言える。Speak Out Ⅰでは英語Ⅰを学習するのが2回目となるわけだが、英語Ⅰだけでなく、同時に学習を進めている英語Ⅱの表現をうまく使っている生徒も多くいた。outputの場を設定することの重要性をあらためて感じた。

第4回（平成23年度10月実施）～研究3年次・秋

（1）良かった点

・1分30秒はあっという間でほとんどの生徒が流暢に話していた。1つのことに対して深めて話をしている生徒が大半だった。
・昨年に比べ、語彙力アップを実感できた。By contrast ～、consider ～、come to ～、比較構文を使った表現などが、自然に出ていた。
・生徒がこちらに対して、時折、質問を投げかけながら話していた。Do you know ～？
・3年次になり、ゆとりを持って情報量を増やすことができている生徒が多くなったという感じがする。
・昨年よりも英語を話すことに慣れ、こちらの顔をしっかり見な

がら（相手の反応を見ながら）、相手に向かって話そうとしている生徒が多いように感じた。

(2) 生徒の間違いでよく見られたもの
・andの意味合いの日本語の「〜だが」をbutを使用して話す生徒が見られた。
・語順（日本語と英語の違い）、時制、自動詞・他動詞の区別
　×His song is moved　→　○I was moved by his song.

　第3回から8カ月が過ぎようとしている頃である。生徒が話す内容の構成や語彙には、今回（2年次から3年次にかけて）大きな成長が見られた、と多くの教員が感じている。今回は、聞き手が「ん？」と聞き入ってしまうような内容を話す生徒が増えた。例えばジブリであればGhibli movies make me think about the environment.という表現を入れたり、「野球が好きだ」であれば好きなチームについて選手、打率、最近の成績、スポンサーなど好きな理由を入れたりしてとうとうと説明する。テニスで勝った、負けたでも、ジャッジがこうでとても悔しかった、などその試合の中身について聞き手が興味を持つような話し方をし、面接官もReally? Oh my god.とついつい反応していた。昨年より教員の反応する場面が多く見られたことから、教員自身も面接官として慣れてきているのではないかと感じられる。

　昨年まで成果が出ていない生徒でも、今年のテストにおいて成長の跡がうかがえた。また、ある程度力のついている生徒は、自信を持って発表できるようになっている。

＜平均評点の前回との比較＞
分量：2.30点→2.45点（0.15点↑）

> 内容：2.33点→2.34点（0.01点↑）
> 全体：4.59点→4.63点（0.04点↑）
> 　分量に関しては第3回は1分間、第4回は1分30秒での評価である。

　次に3年間の評価集計から分析したい。評価者による誤差はあるが、事前に評価者間研修を行い、3回のテストを異なる評価者が行ったので信憑性はあるととらえている。分量に関しては、第2回、3回は生徒の答える制限時間を1分とし、第4回を1分30秒に延長したことを考慮すると増えているといってよい。

　内容については評価項目に「Vocabulary」がないので、データ的には数字に変化が見られなかった。しかし、文の構成や語彙についてはGTEC for STUDENTSのライティング同様、1、2年次でしっかりと基礎力を身につけ、3年次でぐんと伸びていると思われる。これからの課題は正確性をいかにして身につけさせるかである。スピーキングテストで表れた生徒に多く見られた間違いを参考に、英語Ⅰと英語Ⅱの授業で正確性を身につけさせなければならないと考えている。

スピーキングテスト成績（平成21年度～23年度）

	分量（3点）	内容（3点）	計（6点）
第2回	2.09	2.30	4.36
第3回	2.30	2.33	4.59
第4回	2.45	2.34	4.63

※第1回目だけテストの内容が異なるため、第2回目～4回目の結果を載せた。
※制限時間　第2回、3回：1分　第4回：1分30秒

2. 生徒はどう変わったか～公開授業でのハプニング～

　ここではデータには表れない生徒の英語学習に関する変化を紹介していきたい。公開授業の中でちょっとしたハプニングがあった。平成23年10月に公開授業を行い、Speak Out IIでのディベートの授業を見ていただいたときのことである。研究としては3年間のまとめとなる授業であり、テレビ局の取材も入っていた。題材は英語IIの教科書*Big Dipper English Course II*（数研出版）のLesson 4: Living with Animalsで、横浜にある動物園「ズーラシア」の園長が、環境と動物保護、これからの動物園の役割について語る内容である。ディベートの論題は

"Which one is better for seeing animals, Zoorasia in Yokohama or Maasai Mara in Kenya?"

「動物を見に行くなら、動物のことを一番に考えてデザインされたズーラシア（横浜）と動物が自然環境の中で生活しているマサイ・マラ動物自然保護区（ケニア）のどちらを選びますか？」というものである。このレッスンでは、veterinarian、breeding rate、nature conservation、creature、sympathize with ～、appreciation、consciousness、education on the environmentなどの語彙を扱い、話の内容はいくらか抽象的なものも含まれている。できるだけ生徒が身近に考えられる論題にしたかったので、その場所までの距離や金銭面にもふれることができるこの論題を設定した。ケニアのマサイ・マラに限定した英文を探すことができず、動物園反対で動物保護区に賛成の立場に立った英文を探し、ALTから英語IIの難易度に合わせてリライトしてもらったものを生徒全員に読ませ、intakeまで行ってからチーム分けをし、ディベートの準備となった。

　ハプニングの話題に入る前に若干このレッスンの指導について

解説させていただきたい。Speak Outの授業では、「オリジナリティー」という言葉を頻繁に使って指導している。この「オリジナリティー」は、英語の表現に関するオリジナリティーという意味だけでなく、どうやったら相手にうまく伝わるかと説明の仕方を工夫するという意味でのオリジナリティーも含んでいる。これは、受験までの問題演習で多くの長文読解を行う際に生徒にとっては大きな原動力となると考えている。

例えば、このディベートでズーラシアのメリットを説明する場合、教科書の本文をそのまま抜き出して論じるだけなら、ただ本文の内容を借りて話すだけの面白くもないディベートとなってしまう。本校では、Opening statementとRebuttalの間に、相手が言ったことを確認するConfirmation役が存在する。相手がOpening statementでただ教科書本文にあることだけを論じるのなら、Confirmation役にとっては準備していることとほぼ同じなのでラッキー以外の何物でもない（ディベートに入る前に、スモール・ディベート等で相手が言ったことに反応してから相手が言ったことを繰り返す練習を行っているので）。

ここでは、ジャッジに対してより説得力がある話をする必要がある（推薦入試や就職試験の面接でも同じことが言える）。例えば、具体例を加えるなどして、より分かりやすく説明する方が、聞いている方は理解しやすいし、相手方のConfirmation役はあわててチーム全体が次の発話に関して協力しなければならない。ディベートも引きしまる。

このような言い換えができれば、入試の長文読解において、本文から表現の言い換えを探すような問題に対しても、授業中常に対策を行っていることになる。受験本番までの孤独で果てしなく続く**長文読解の練習においても、Speak Out的な授業を経験した生徒は、問いに答えながら、英文をただ訳すのではなく、英文の**

主題を意識して読むのではないだろうか。英語の力がある生徒たちに対してSpeak Outのような指導を行ったら英語の総合力がどれだけ伸びるであろうか。考えるだけでも希望がわいてくる。

と、この話はこれくらいにして、ハプニングについての話である。5対5のディベートの最後の対戦が終わった。どちら側も言いたいことは言い尽くした満足感と判定を待つ緊張感が漂っていた。いよいよ判定、ジャッジも生徒なのだが、わずかな差で勝敗が決まった。負けた側はなぜ？という悔しそうな苦い顔をしていた。その時、もう1度ディベートをやらせてくれ！と申し立てがあったのだ。それに対し、司会の生徒も許可を与え、負けた側は先ほどとは異なる自分たちの主張を繰り広げた。勝った側もそれでは自分たちも、と先ほどとは別の主張をして再度判定の時が来た。判定のカードが余分にあったので、今度は生徒でなくその場にいた先生方（本校教員を除いて50名ほど）でジャッジが始まった。結果は何と同数であり、引き分けに終わり、会場は温かい拍手に包まれた、というなかなかドラマティックな展開となったのである。

推測できるであろうが、まず、60名の英語教員やテレビカメラを目の前にして普段とあまり変わりなくディベートを繰り広げる、これだけでも大変なことである（私が高校生ならできたかどうか）。それを判定が不服と申し立て、ルール違反ではあるが、再度ディベートを行う。このやりとりは、不服申し立ても司会もすべて英語である。こういう申し立て自体生徒は初めての経験だろうから生徒が話す英語はたどたどしく品詞も怪しいものではあったものの、まさに生きた英語であり、生徒たちを頼もしく感じた。この授業の後、金谷先生が「全国のいろいろな学校の授業を見てきたが、ディベートのやり直しを申し立てるようなことはかつてなかった。英語でできることが素晴らしい」と感想をおっ

しゃった。

この出来事は平成23年10月の話であるが、その1年半前のSpeak Outの授業（教員がほぼ英語で授業を進める）では、教員に対して「日本語で言い換えてください」と訴える生徒がいた。そんなことが想像もできないほど、生徒たちは堂々としていた。

3. 英語学習＝洋服ダンス

金谷先生曰く、「英語学習は洋服ダンスと同じである」。普段よく着る服はいつでも出せる場所に整理して入れる。よく使うから場所は覚えている。英語学習でも同じなのではないか。使う機会が多いと、Speak Outの授業でなくても英語の他科目の授業で学習した内容も口から出てくる。英検2次試験の面接練習で驚いたことがあった。筆者が英語Ⅱを教えているクラスのある2年次生に準2級の指導を行った秋のことであった。Speak Outの学習を始めて半年たった頃である。

"Do you think more students will visit museums?"という質問に対し、"Yes."と答え"If there were no museums, most people would never have a chance to see real pictures by famous artists."と答えたのである。質問されて少しだけ考えてから、すらすらと仮定法過去の文を使って話したのである。それは、英語Ⅱの教科書（前述のディベートの題材であるLesson 4）の本文にあった"If there were no zoos, most people would never have a chance to see wild animals."という文をうまく借りた「英借文」であった。しかも3カ月前に学習したものであるのに生徒からはすらすらと出てきた。

これは何を意味するのか？　生徒が「学習する英語を『使う』ことを前提としてinput、intakeしているか」、ということが鍵と

なると考える。学習の最後に発表の場があるから語句や構文のinput, intakeがより効果的なものとなるのではないか。我々も講演会など(例えばあまり興味のない義務で参加した講演会だとして)に参加して、終わったら必ず1つ質問をするぞという気持ちで臨めば、真剣さや聞く観点も変わってくる。お客様ではいられない。授業においても、**いくら工夫された授業でも、最後に学んだ英語を使う場があるかどうかで生徒の学習に対する姿勢や定着が変わってくるのではないか。**

また、Speak Outでの活動が核となり、生徒には「英語というのは表現できてなんぼ、それが定着」のような意識が徐々に育っているとも言える。**口をついて出てくるということは、読んだときに頭の中で処理するスピードも速いはず**である。

英検の面接練習でもう1つ、Speak Out導入前の生徒との大きな違いが見られた。例えば準2級のNo. 4、5の問いに関して言えば、Speak Out導入前は答える内容が頭に浮かばない生徒が多く、話す中身の指導をしなければならなかった。それが、Speak Out導入後は話そうとする内容は生徒から出てくるので、あとは生徒が話す英語の指導だけで済むようになったのである。

その要因は、Speak Outで「相手に伝わるように例を出しながら話す」、「質問に答えるときは1文ではなく、さらに文を加えて分かりやすく」のような指導を行っていることが考えられる。また、第3章でふれたように1年次のオーラル・コミュニケーションⅠで行ったエッセイライティングの指導(添削の方法)も意義があったと考える。生徒には、話す英語のリソースと共に話そうとする中身のリソースも蓄えられる、ということもスピーキングの指導の成果であった。

授業以外でも学習した事項が生徒の口をついて出てくることがある。例えば部活動の大会に行く途中のバスの中での出来事であ

る。トンネルが見えたので、ある生徒が英語らしい発音で"tunnel"と言ったら、その後次々と"chick" "hatch" "catenary curve"など生徒たちがtunnelが出てくるレッスン（英語ⅠのLesson 8）で学習した単語を口に出し始めたのである。英語に特に熱心な生徒だけではないところがミソである。

　もう1つ、Speak Outの授業でStory-Reproductionの発表が良くなかった生徒に昼休み、再度職員室前の廊下で発表させていたら、たまたま通りかかった別のクラスの2年次生何人かが、その生徒の英語を聞いて、そのレッスンのStory-Reproductionをしながら廊下の向こうに歩いて行った、ということがあった。Speak Outの研究が始まる前は、少なくとも本校でこのような光景はなかった。

4. Speak Outで大学入試に対応できるか

　Speak Outを取り入れることは、大学入試にとっても効果があるのか、点数が上がるのかは興味のあるところかと思う。ここでは平成21年度入学生（研究対象学年Speak Out導入年次生）とSpeak Out非導入年次において進研模試（ベネッセコーポレーション／1年次7月、2年次7月、3年次7月に実施）で比較し、また大学入試センター試験等についてもふれていきたいと思う。
（本校は推薦入試受験を希望する生徒が多く夏からその準備を始めるため、7月の進研模試のデータで比較したいと思う）

◎3年間の成績の伸び

(1) Speak Out非導入年次との比較(過去5年間の平均点偏差値)

＊表中の①〜③は年次・学年を表す

	平均点偏差値
研究対象年次	①→② ＋1.1 ②→③ ＋2.0 ①→③ ＋3.1
Speak Out 非導入年次A	①→② ＋1.6 ②→③ －1.0 ①→③ ＋0.6
Speak Out 非導入年次B	①→② ＋1.8 ②→③ －1.7 ①→③ ＋0.1
Speak Out 非導入年次C	①→② ＋0.6 ②→③ －0.5 ①→③ ＋0.1
Speak Out 非導入年次D	①→② ＋1.4 ②→③ －0.6 ①→③ ＋0.8

　Speak Out非導入年次が2年次から3年次に平均点偏差値がマイナスになっているのに対し、**Speak Out導入年次は2年次から3年次で平均点偏差値を伸ばしていて、1年次から3年次にかけても伸ばしている**。3年次7月はSpeak Outの学習で英語Ⅰのレッスン7課分と英語Ⅱのレッスン1課分の学習を終えた頃である。3年の4、5月のSpeak Outでの生徒の学習の様子は2年次よりもぐっとレベルアップしている、とその当時担当者間で感想を話した記憶がある。

　スキットの原稿を書く際に、それまで教員にどう書くのか質問があったのだが、その質問はあまりなくなっており、自分たちでどんどん英文を書いていくのであった。原稿を見ると、**使用語彙も多様化していたが、それに加え、重文や複文を多用していた**。特に関係詞を多用している英文が多く見られた。

　この生徒たちの1年次の意識調査（p. 78参照）では、書くこと

に苦手意識を感じる生徒が多く、苦手な理由を「単語が浮かばない」、「単語が分かってもうまく文にできない」と答える生徒が多かった。しかし、3年次春にはだんだんと基礎力がついて、outputするのに手間がかからなくなってきた。outputできる、ということは、読んだときにも頭の中で英語の処理が速くなると考えられる。長文読解の得点が全体的にぐっと伸びたのは、Speak Outを学習して1年たったときに受けさせた2月の進研模試であった。

また、過年度生徒と比較して、彼らにとっては英語学習が「単なる覚えなければならない暗記すべきもの」ではなく、「**使うもの**」、「**教科書の英語の定着が大事**」という意識もあり、1つ1つの学習がより効果を発揮したのではないか、と担当者はとらえている。

(2) Speak Out非導入年次（過年度卒業生）との比較（上位層と下位層の人数の割合）

＊表中の①〜③は年次・学年を表す

	上位層	下位層
研究対象年次 (160名)	①→② ＋0.1% ②→③ ＋19.2% ①→③ ＋19.3%	①→② －10.7% ②→③ －17.1% ①→③ －27.8%
Speak Out 非導入年次A (160名)	①→② －2.3% ②→③ ＋3.2% ①→③ ＋0.9%	①→② －16.5% ②→③ ＋10.3% ①→③ －6.2%
Speak Out 非導入年次B (160名)	①→② ＋8.9% ②→③ －10.3% ①→③ －1.4%	①→② －23.7% ②→③ ＋16.0% ①→③ －7.7%

次に、研究対象年次とSpeak Out非導入年次（過年度卒業生）との上位層と下位層の人数の割合を比較したいと思う。このデータで特徴的な点は、**研究対象生徒の下位層が年次を追うごとに減っている**ということである。

1年次から2年次で下位層が減った理由は、次年度に学習するSpeak Outを意識して「定着を重視した」ことが考えられる。例えば、英語Ⅰの授業の中で音読に力を入れる→音読に慣れたら→本文の要約文を暗唱する機会を多く設ける、といったように時にはそれらを発表させ時中評価を行いながら段階的な指導を行った。また、休日に行う週末課題も教科書の内容と関連付けた。長期休業課題も同じである。そこで重要な点は、**1度行ったことを別の機会にまた行わせる**ことである。冬期休業課題で出題した課題の一部を春期休業課題に組み入れるなど、なるべく学習したことが漆塗りになるよう配慮した。そのようにして、**中学の英語学習の穴を徐々に埋めていった。**

　もう1つ特徴的なのは、**研究対象生徒では2年次から3年次にかけて下位層が大幅に減っている**、ということである。**下位層が大幅に減り、上位層が大幅に増えている**。これは、2年生で学習内容が難化してもあきらめずに取り組んだ結果と見てよいのではないだろうか。なぜ生徒が食いついてこられたのだろうか。

　理由の1つは今述べたような「定着」を重視したことである。英語Ⅱの教科書は、英語Ⅰより英文のレベルがぐんと上がっている。我々教える側としては、2年次生で多くを与えたくなってしまうがそこはぐっと我慢して、教科書以外の既成のテキストを与えるよりは、まず「**教科書の定着**」を目指した（教師側の教材準備を考えると既成のものを与えた方がずっと楽なのだが……）。

　2つ目は、Speak Outで**2年次に英語Ⅰ、3年次に英語Ⅱの復習をした**ということがある。

　最後の理由としては、Speak Outでの発表までに、自分たちが現在学習している英語Ⅱの英文よりも**一段低いレベルの英文を1レッスンの最初から最後まで（パート1～パート3、4）一気に聞いたり読んだりするタスクを多く行った**ことが考えられる。英語

Ⅱの授業と並行してSpeak Outで英語Ⅰの英文を読むことは生徒にとって取り組みやすいと言える。それに伴い英語Ⅱの授業でも**英文を最初から最後まで通して読む活動にも取り組むことができる生徒が増えていった**。これはSpeak Out導入の大きな成果ととらえている。非導入年次での指導では、1つのレッスンを通して読ませると途中で集中力がなくなる生徒が必ず数名いた。実際、毎レッスンそのような活動をしてもなかなか変化は見られなかった。しかし、Speak Out学習者はほぼ全員が集中して取り組むことができているし、また読むスピードも上がっている。

金谷先生が本校の公開授業の際におっしゃったことであるが、現在の全国的な学力低下は、上位層ではなく、下位層がどんどん低下していることに起因しているとのことである。それを考えると、**下位層の底上げがなされたことはこの取り組みの大きな成果と言える**のではないだろうか。下位層に限らず、本校生徒のこのデータから見ると、**教科書の「定着」を目指した指導によって、上位層を増やすことにもつながっている**。

センター試験では、生徒たちは健闘したと言ってよい。Speak Outとの関連から考えると、第3問については生徒たちはそれまでディベートを行ってきたので、非導入年次の生徒たちと比較すると**ディベートやディスカッション形式の英文を読むことへの抵抗感はあまりなかった**と言える。また、第6問に関しても、**まとまった英文を読むことに抵抗がなくなっていることに加え、自分が発表する際にディスコースマーカーを使っているので、読み方の指導もすんなりと入った**と考える。

また、Speak Outで**自分が発表するのだというゴールが明確なために、英文を読む際、どれがトピックセンテンスでどれがサポートセンテスだという指導をせずとも生徒たちは自分でそういった読み方をすることに慣れている**のである。実際のセンター

試験では、Speak Outの授業で、こちらの細かい指導を熱心に聞き入れて実践した生徒たちは長文読解が得点源となった。

センター試験リスニングに関しては、当初、授業での英語のやりとりや生徒のさまざまな音読活動がリスニング試験の対策になると考え実行していた。実は、研究が始まる前の年まではCDを使用しての練習を1年次から行っていた。しかし、授業の最初の貴重な10分を割くわりには生徒の反応があまりよくない。学習している英語Ⅰの内容とかけ離れているからであろう。それより、教科書を使ってリスニング活動を行ったり、音読や発表を行ったりする中で聞く力を伸ばしていきたいと考えたのだ。

実際は、それだけではなかなかリスニングの点数には結びつかなかった。授業中のやりとりであれば生徒は話された英語をだいたい理解できる。教師が、生徒の理解度や反応によってパラフレーズしたり、理解困難な部分は話す速度を落としたり、ジェスチャーや表情等を使ってコミュニケーションをとろうとしたりするからであろう。しかし、CDから流れる音声にはそれがないし、聞き返すこともできない。

そこで、時期は遅かったのかもしれないが、3年次春からCDを使用したリスニング対策を始めることとなった。最初はなかなか点数に結びつかなかったが、12月に入ってからの演習でぐんと伸び、大学入試センター試験直前予想問題（代々木ゼミナール）で点数を大きく伸ばし、何とか本番に間に合った、という感がある。CDの音声も使用した対策の時期や回数などは今後の検討課題である。

2次試験に関しては、英作文についてふれたい。GTEC for STUDENTSの分析でも述べたように、研究対象生徒のライティングの伸びが大きかったことから、**2次試験の英作文においては、Speak Outがかなり有効**と考える。実際、研究対象生徒に2

次試験英作文指導を行った際には、文章の構成などについて指導する必要はほとんどなかった。トピックを与えられて賛否を表明し、理由を説明する、という内容のものも、ディベートの際に何度も行ったので抵抗なく書くことができた。

そもそも書くことに慣れているので、生徒が書いてきたものを細かい部分のみ見てあげれば、ある程度のものが書けるようになった。生徒もあまり苦にせずに試験に臨むことができたと言える。英作文を課す大学を志望する生徒が多い学校であれば有効であろう。

5. 教員の意識の変化→生徒の意識の変化

本校ではセンター試験後、生徒にアンケートをとる。その中に「学力が伸びたと思った授業内容」を問う項目がある。研究対象年次生たちの答えには、研究前の年次に見られなかった興味深いものが含まれていた。研究前の生徒たちの感想と異なる回答を載せたい。すべて自由記述である。

> **「学力が伸びたと思った授業内容は何ですか？」**
> - 英語Ⅰ、Ⅱ、リーディング、ライティング、Speak Out Ⅰ、Ⅱ、オーラル・コミュニケーション　全部
> - 教科書本文・英文を繰り返し読む（スピーキング）
> - 英語Ⅰ、Ⅱのレッスンテスト
> - 基礎を固めてから難しい問題をする
> - Speak Out
> - Speak Outのディベート
> - 英語Ⅱ。先生方が連携して教えてくださって良かったです。

> ↑
> 表現は違うが、教員間の協力に関して書く生徒がほかにもいた。

　研究前の生徒たちの答えを見てみると、学力が伸びたと思った学習内容に、センター試験演習や、それに使用したテキスト名、過去問題など3年次秋からの受験対策が挙げられていた。おそらく生徒たちは、受験勉強は何か特別なことをしなければならない、と英語ⅠやⅡとかけ離れたものとして考えているのであろう。

　もちろん研究対象生徒たちの中にもセンター試験演習に関する答えは多かった。ただ、それに加えて研究対象年次生の回答は、いよいよ受験本番という時期より前の指導にもふれている。英語Ⅰ、Ⅱの定着→受験での得点、ということを意識している感想であると考えられる。

　授業で学習した語彙の定着がおろそかなのに、焦って単語帳の単語を暗記し、ひたすら新しい問題演習に向かう。英語Ⅰ、Ⅱの基礎がぐらついているから点数になかなかつながらず、また焦る。以前は、センター試験後に生徒に感想を尋ねると、「長文の単語が難しかった」との回答。問題中の単語のほとんどを1度は目にしているはずなのに！　そのようなことは避けたかった。

　このアンケート結果には、研究前と研究を始めてからの**教科書の内容の定着に対する教員側の意識の変容**が大きく関わっている。我々教師の思いが生徒たちに伝わり、それが、このアンケート結果に表れたととらえている。

6. 生徒の成長→教員の成長〜３年間の研究を通して思うこと〜

　研究1年目、ある高校を訪問し、担当の先生からお話を伺った。そのお話の中で、「生徒に10教えて定着が6であるならば、例えば教える内容を8にして定着を7にする方法もある」との考え方を教えていただき、その考え方に基づいた指導方法をお聞きした。教科書本文の縮約版の使用などがそれである。縮約版とは、学習する本文が生徒にとって少し長い場合、理解しやすく、より定着が図れるように、本文を短く編集したものである。

　教師はどうしても生徒の学習到達度より難易度が高い教材を使用し、多くのことを教えたくなる。その高校の取り組みは、どれくらいのレベルのものを、どれくらい与えて、どう教えたら生徒にきちんと定着するのか、をよく研究して実践したものだった。その方法で実績を残している。

　金谷先生によると「**高校入学時に中学校の学習事項が完全に定着している生徒は全国の学生のうちせいぜい3割ほどである**」とのことである。全国で3割ならば本校生徒は……？　鶴岡中央高校ではSpeak Outの実践で、さまざまな場面で生徒のoutputの場を設定した。生徒がoutputしたものを読んだり聞いたりして、生徒の定着やつまずきが目に見えるようになったため、生徒の定着について担当者間で話をする機会はかなり増えた。授業が終わった直後から次の授業までの移動時間に廊下で話したり、外国語科会議で話したり……。

　その結果、「**教えたつもりは通用しない**」という意識はかなり強まり、授業での**タスクの意義**、**各音読活動の意義**をしっかり考え、また**課題の精選**も行った。生徒中心の授業を組み立て、その結果、4技能を総合的、統合的に身につけさせる授業を目指そうという意識も強くなっている。Speak Outを核として他科目の授

業改善を自然に行うことができている。

　また、生徒にoutputさせる場を多く設けることで生徒は自分のリソースを増やそうとする。年1回行っている意識調査では、行う時期によって「英語学習の中での生徒の苦手な項目」が変化している。エッセイライティングを行っている時期は、「ライティングが苦手」、ディベートの練習をしているときは、「リスニングが苦手」などである。**「苦手意識を持つこと」→「克服しようと頑張る意識を持てること」**ととらえることができる。

　また、生徒たちは、**outputに向けて、普段はおっくうに感じるタスクを「やらされている」とは気づかずにどんどん行っている**。例えば、Speak Outが楽しいという生徒（こういった生徒は多いのだが）に、なぜ楽しいのか理由を聞くと、「暗記しなくていいから」と答える生徒がいる。Speak Outでは、どちらかというと暗記しなければならない場面がかなり多いはずだ。しかし、outputという明確なゴールが先に立ち、発表までの暗記は、彼らにとっての苦痛を伴う暗記とは別物なのだろうと考える。原稿を書くにしてもそうである。書かされている、というような気持ちは彼らにはなく、ライティングが発表までの1つの過程にすぎないのである。

　生徒の成長を肌で感じ、また生徒のできない部分もよく見えてくる。そこから教師間で生徒の達成度を自然に確認し合う雰囲気が生まれ、協同的な取り組みにつながる。校内でもマイクロティーチングを行って指導方法を確認したり、授業のビデオを撮って科員みんなで見たりして共通認識を持とうとしている。それぞれの教員の持ち味や得意分野も発揮する場面が多くあり、**研修は外に出ていくことだけを**意味せず、**校内で十分できる**と感じている。教師のそういった取り組みによって生徒も変わる。生徒の変容により教師もまた変わる。**英語教師になって本当に良かっ**

たと実感できることが最大の成果と言えるかもしれない。

　平成25年度からの新教育課程では、指導する語数も増えることから、教科書の英文の難易度も上がることが予想されるので、学習内容の定着と発展を目指す、この「Speak Out」のような指導方法が有効となるのではないだろうか。本校では文科省から提示された研究テーマを選択したため、学校設定科目を利用しての授業改善となったが、そうでなくとも学習したことを発展させて繰り返す方法は考えられると思う。例えば、**力のある生徒が多い学校であれば、1年次に学習したことを1年次で繰り返す**こともできるだろう。年度の最後でも学期ごとでも方法がある。

　ただ1つ言いたいことは、**1度このようなことを行って生徒のパフォーマンスや定着に変化が見られなかったからといって取り組みをやめない**ことである。本校でもそうだったが、スピーキングの効果はすぐには表れない。生徒の基礎力がついてきてある時ふと効果が表れる。スピーキングとリーディング、リスニング、ライティングをうまく組み合わせれば、ペーパーテストにも効果が出てくるであろう。スピーキングはモチベーションを上げるためだけとおっしゃる方もおられるだろうが、それはそのような指導をしているからで、やり方次第でそうとも言えないのである。

　本校の取り組みが、生徒の英語力を伸ばしたいとお考えになる先生方にとって参考になれば大変うれしい。また、全国で、高校で英語を学んで良かったと思ってくれる生徒が増え、生き生きと、そして堂々と英語で自分の意見を言える社会人が増えることを願う。

第7章

まとめ

1. Speak Out 方式とは〜おさらい〜

　さて、ここまで、鶴岡中央高校での取り組みについて報告してきた。全体のまとめをする前にもう一度、Speak Out方式のおさらいをしておこう。

　Speak Out方式とは、前年に使った教科書を次の年でも使って、前年度の段階で「理解」の段階でとどまっている生徒の学習を「表現（使用）」まで持っていこうという取り組みである。

　具体的には英語Ⅰの教科書を高2でも使って、学習を表現まで発展させる。さらに、高2で使った英語Ⅱの教科書を高3でも使って、高2での英語Ⅱの学習を発展させ、習った英語を使えるまでに持っていくという取り組みである。

　別の言い方をすると、**教材の難易度は据え置いて、タスクの難易度を上げる取り組み**と言うこともできる。日本の学校における英語教育カリキュラムの特色は、扱うテキストの語彙、文法、内容等のレベルを順次上げていくという単純なものである。ここで欠けているのは、テキストを使ってする課題の難易度を上下させることである。中3で読むのに2分かかったテキストも、高1になると1分30秒で読めるようになる。高3では1分で読ませる、といった発想法に欠けている。鶴岡中央高校のSpeak Outでの取り組みは、この考え方に挑戦したものであるとも言える。

　このような取り組みをすることによって生徒が英語を使えるようにすることを目的としている。

　3年間、この取り組みを行うことによってどんなことが分かっ

たかを以下にまとめてみたい。

2. 分かったこと〜生徒について〜

　生徒の学習を観察することによって、この方式により生徒の英語学習について分かった主なことは以下の通りである。

> ①1回の学習では身につかない
>
> ②2度目の学習は1度目とはかなり違う
>
> ③自信が先行、実力が後から追いかける
>
> ④自信を持たせるには時間をかけた練習が必要
>
> ⑤使わせなければ、使えるようにはならない
>
> ⑥同じ内容を2度扱っても生徒は飽きない

◎1回の学習では身につかない

　鶴岡中央高校の試みを見ても、Speak Out Iの各レッスン最初の3時間ぐらいでは、高1の時の復習を十分行わせなければ生徒たちの記憶は戻ってこない。復習の部分を省いて、いきなり表現活動の方に向かうことは、鶴岡中央高校の授業から見ても不可能であることがはっきりしてきた。

　1度学習しただけでは身につかない生徒が多いのは教師にとって言わば常識だろう。それなのに、教材を1度だけしか扱わない教育をしているのはどうしてだろう。

◎2度目の学習は1度目とはかなり違う

　では、生徒たちは高1でやったことをすべて忘れているかとい

うと、そうではない。Speak Outでの最初の復習の段階を経ると、かなりの程度記憶は戻ってきて、後半の発表活動では各自積極的に取り組めるところを見ても、前年度に理解まで到達していることが意味を持っていることが分かる。

　Speak Outによる2度目の学習が、異なった様相を呈する理由はもう1つある。生徒たちは、高2でSpeak Out Ⅰで英語Ⅰの発展学習をしているとき、並行して英語Ⅱも履修している。こういう状態だと、Speak Out Ⅰで扱っている英語は英語Ⅱの英語よりは、かなり簡単である。そのため、表現への動機も高まるということが観察された。この意味でも、Speak Out方式による2度目の学習は1度目とかなりの違いがあることが分かった。

◎自信が先行、実力が後から追いかける

　生徒たちを高1から見ていると、高3になったときの彼らの英語を使うことについての自信は相当なものである。Speak Out Ⅰでは、初めの2レッスンぐらいの時は、発表の折には、コチコチに緊張して天井を見つめて英語を思い出していた生徒たちが、3つ目ぐらいのレッスンになると、聞き手の方を見ることができるようになり、相手を笑わせようとする、身ぶり手ぶりも自然に伴ってくるようになる。

　その自信の集大成とも言えるシーンは、第6章でも述べたように、3年のSpeak Out Ⅱ最後の発表活動の折にやってきた。最後の発表活動はディベートだった。公開授業の最後のディベートで、勝敗が決定した時に、負けたチームの生徒が不服申し立てを英語で始めたのである。参観者が驚いているうちに、自然発生的に延長戦に入ってしまい、一通りその延長戦も終わった。勝負の判定になって、生徒たちは、「すでにクラスメートによる判断は終わっているので、参観者に判定してもらおう」と提案し、

ジャッジのための2色の紙を配り始めた。判定になって、参観者はどちらかの色の紙を上げた。結果は同点。その間、生徒はほとんど日本語は使っていない。天井を見つめて英語の暗唱をするのが精いっぱいだったあの生徒たちとは思えない。生徒の英語を使うことについての自信は確実に形成されていたのである。

これに対して、学力は後から追いかけてくる。GTEC for STUDENTSで測った学力の伸びを見てみると、第6章で見てきたように、1年から2年へかけての伸びより、2年から3年へかけての伸びの方が大きい。1年から2年へかけての伸びは、1年の10月から2年の12月にかけての伸びなので、すでに生徒たちはSpeak Out I を2年の4月から8カ月経験してきている。しかし、この間の伸びより、Speak Out II を経験して半年ほどたった3年の10月時点での伸びの方が、かなり大きいのである。Speak Out I が始まって、半年ほどたった時点で生徒の発表に対する態度に自信が見られ始めるのに対して、学力の方は、約1年遅く追いついてきたということができる。

面白いのは全国平均と比較して見たときである。全国平均の方は、1年から2年へかけての伸びの方が、2年から3年にかけての伸びより、全体スコア、Reading、Listening、Writing共にかなり大きくなっている。このことの解釈は今後時間をかけてしていかなければならないと思うが、高校の前半での伸びより後半に伸びが大きくなる鶴岡中央高校の結果は高校英語教育の役割を考えると、極めて興味深いものであると言える。

さらに面白いことに、同じことが進研模試の成績にも見える。第6章にあるように、Speak Out実施前の生徒の成績は、1年から2年への伸びが、2年から3年にかけてのものより大きい。Speak Out実施学年はこれに対して、その逆になっている。つまり、2年から3年にかけての伸びの方が、1年から2年へかけての伸びよ

り大きい。言い方を変えると、Speak Out実施前の過年度生は高校後半で伸び悩みがあるが、Speak Out実施学年では後半で大きく伸びているということになる。Speak Out実施学年の1年から2年へかけての伸びが過年度生より悪いということはないので、後半の伸びが著しいということは注目に値する。

◎自信を持たせるには時間をかけた学習が必要

　ここまで読んでこられた読者にとっては、もう長々と説明の必要はないだろう。英語I、英語IIの1つのレッスンについて、それぞれの開始学年で7〜8時間、その次の学年のSpeak Outでまた、7〜8時間、合計すると15時間ほどを費やしている。これだけの時間をかけることによって生徒の自信、そして学力が伸長してきたわけである。英語の定着が生徒に自信を与え、学力の進捗を促したわけである。これの意味するところは、生徒の英語を使うことへの自信は、それなりの時間をかけた練習と発表機会を与えるということの積み重ねの上に成り立っているということである。単に「自信を持て」と奨励しても、それは無理であることが、この結果からも示唆される。

◎使わせなければ、使えるようにならない

　上記の繰り返しになるが、生徒に英語を使わせなければ、生徒は英語を使えるようにはならない。高校英語授業において、英語の理解のみにとどまっていては、これは実現することができない。このことを肝に銘ずるべきである。

　大学入試があるから訳読や文法説明に終始するというのでは、実は大学入試にも役立たない。このことも心に刻むべきことではないだろうか。

3. 今後の課題

　以上のように、Speak Out方式が生徒にもたらしたプラスの影響をまとめてきたが、この方式を、より信頼性の高いものにするために、これから心がけなければいけない課題を述べておこう。

> ①リスニング力を伸ばす工夫
> ②入試直前の指導の工夫

◎リスニング力を伸ばす工夫

　GTEC for STUDENTSの結果を見てみると、リスニングの伸びが相対的に見て、十分とは言えない。全体的に伸びが少ないという意味ではなく、リーディングや英語力全体と比べての話である。

　こうしたことは、outputまで指導を発展させるときに、ありがちなことである。生徒間の英語によるインタラクションを活発にすることは良いことだが、face-to-faceのインタラクションで、しかも仲間内のものであると、リスニング力そのものを伸長させる機会に乏しくなる傾向にある。

　特にSpeak Outではテキストそのものは、前年度に一度習ったものである。英語の音声は友達のものであることが多い。しかも、不明な点があれば、その場で相手に確認することができる。というような学習環境であると、リスニングテストのようにインタラクティブではなく、聞き慣れた話し手の音声ではないものを聞いて、問題に解答するといった場合に意外な弱さを露呈することがある。

　こうしたことを避けるために、今後は、初見の資料を「読む」

ことに加え、Speak Outの発表活動に必要な新しい情報を耳から入れるような指導を考えていった方が良いだろう。リーディングに関しては初見の資料を読んだりする機会は、Speak Outにおいてある程度はある。しかし、初めて耳にする情報というのにふれる機会があまり多くないからである。

◎大学入試対策

　実力を身につければ、入試は必ず乗り越えられる。とは言っても入試には入試の独特な要素がある。実力はあるが本番で失敗することがあり得る。運不運もある。志望大学によって、細かな特徴がある。それに対して対策を立てるのは、入試を直前に控えた3年生の秋以降は、無視できないことである。

　高3の最後に英語の実力に磨きをかけることをうまくやらなければ、せっかく培ってきた英語力を正しくテストに反映することができなくなる。教育方法改革を行うとき、入試対策までかなぐり捨ててしまったために、入試本番で結果を出せないといった例は少なくない。教育方法など新たな取り組みは、詰まるところ、入試の結果でその効果が評価されるので、直前の入試対策を怠ったために、新しい取り組み自体が適切に評価されないのでは、せっかくの努力も報われない。鶴岡中央高校の取り組みにおいては、入試の結果が思わしくなかったわけではないが、もっと生徒の力を入試に反映させるための直前入試対策の方法も、これから工夫していく必要がある。

4. 分かったこと〜教師について〜

　生徒について分かったことは以上であるが、この取り組みで教師側も変化した。そのことをまとめておきたい。

> ①学習の観察の必要性を感じるようになった
> ②観察結果を共有しようとするようになった
> ③学校が変わった

◎学習観察の必要性

　第1に、教師が学習により大きな興味を抱くようになった。こう書くと、「そんなことは、教師として当たり前のことだ」という反応が返ってきそうである。しかし、本当に当たり前のように生徒の英語力、英語使用の実態を常日頃から観察しているだろうか。

　鶴岡中央高校では、この「当たり前」のことが当たり前に行われるようになったのである。

◎観察結果の共有

　第2に、生徒たちの学習の観察を教師たちが日頃から共有するようになってきた。教育現場は近年、年を追うごとに多忙になってきている。多忙な日々の仕事の中で、英語教師たちが英語の指導、生徒たちの英語学習について話し合う機会は急速に減ってきてしまっている。しかし、そうした向かい風の中でも、鶴岡中央高校の英語教師たちは、新しい試みをすることによって、チームとしての絆を自然な形で強めていった。

　第2章で五十嵐教諭が述懐しているように、学校が変わったの

である。極めて小さなことであるようだが、職員室で日々、生徒の学習の実態についての情報交換がなされるということは、そんなに当たり前のことではなくなっている。しかし、鶴岡中央高校にはそのムードが芽生え、育まれたのである。こうした雰囲気が教育現場にできることは生徒にとって何より大切なことだろう。

5. 迷信を打ち払おう〜結びに代えて〜

　高校現場での迷信（思い込み）はたくさんある。鶴岡中央高校の試みはそうした迷信にチャレンジするものである。
　高校英語の迷信をいくつか挙げてみよう。

> ①教科書は1度しか使わない
> ②1度だけで定着する
> ③教科書を2度使ったら生徒は飽きる

　すでに述べたように、教科書は1回ふれれば、それで終わりというものではない。高校では復習発展学習をするというより、1回舐めて通る程度の学習で終わりにして、次の教材に移るということが「習わし」になってきている。定着にはあまり頓着せず、何種類も教材を買わせて表面的な学習を続ける。
　どのくらい身についているか、にもっと興味を持たなければいけない。例えば、英語Ⅰの教科書を終えた学年末に英語Ⅰに出ていた語彙のテストをしたら、どのくらいの語彙が身についているだろうか。こんなことに、即座に答えを出せる高校教師は、ほとんどいないのではないだろうか。
　1度だけの「学習」で、学んだことのすべてが頭に残っている

というような生徒は、ほとんどいない。このことは、教師なら分からないはずはない。しかし、何となくそのことに頓着しないで授業を進めているのは、もしかすると、英語の定着は教師の仕事ではない、といった考えが教師の意識の深いところに根付いてしまっているのかもしれない。

　教師の仕事は、英語を与えることで、与えた英語を生徒がどのように受け取って頭の中に残すかは教師の仕事ではない、そんなことが無意識のうちに教師の心の奥の奥に巣くってしまったのではないだろうか。それだから、多数の教材を与えてしまうのではないだろうか。「たくさんあげた、後は知らない」では生徒の英語力はついていかない。練習を十分にして、発表の機会も与えれば、必ずしも多くの教材を使わなくても、英語力の底上げを図ることはできるのである。鶴岡中央高校の実践で、テストの結果から、そうしたことが示唆されている。

　繰り返せば生徒は飽きる、というのも全くの迷信である。まず第1に生徒は前に習ったことをすべて覚えているものではない。これも教えている教師は常識的に分かっているはずである。であるのに、繰り返せば飽きるだろうというコメントが多いのはなぜなのか。全く理解に苦しむ。

◎繰り返せば飽きる？

　飽きさせないためは、同じ教材を扱うが扱い方が異なるというところが大切である。飽きると思う教師には、教材の扱い方のレパートリーがあまりないのではないだろうか。教え方のレパートリーを増やすことが大切である。

　鶴岡中央高校のSpeak Out実施生徒の成績は、高校後半で伸びることが特徴であることはすでに述べた。英語学習はマラソンのようなものである。後半でバテたのでは良い成績は収められな

い。高校での伸びを促進するような英語授業をしなければならない。高校英語授業を巡るさまざまな迷信を克服して、マラソンに勝利するような生徒を作りたい。Speak Out方式は、教師のそうした願いに対しての一つの解答である。

　結びに代えて、次のようなメッセージを読者に贈りたい。「迷信を打ち払って、高校英語授業を変えよう！」

著者紹介

●編著者
金谷　憲（かなたに　けん）

東京学芸大学特任教授。1948年東京生まれ。東京大学文学部英文科卒。同大学院人文科学研究科修士課程（英語学）、教育学研究科博士課程（学校教育学）及びスタンフォード大学博士課程を経て（単位取得退学）、1980年より東京学芸大学で教鞭を執る。専門は英語教育学。研究テーマは、中学生の句把握の経年変化、高校英語授業モデル開発など。全国英語教育学会会長、関東甲信越英語教育学会会長を歴任。現在ELPA（英語運用能力評価協会）理事、ELEC（英語教育協議会）アドバイザー。1986年より3年間NHK「テレビ英語会話Ⅰ」講師、1994年から2年間NHKラジオ「基礎英語2」監修者。著書には『英語教師論』（河源社）、『和訳先渡し授業の試み』（三省堂）、『高校英語教育構造改革論』（開隆堂出版）、『高校英語授業を変える！訳読オンリーから抜け出す3つのモデル』（編著／アルク）など多数。
執筆分担：第1章　Speak Out方式とは
　　　　　第7章　まとめ

●執筆者
鈴木加奈子（すずき　かなこ）

山形県立鶴岡中央高等学校教諭。山形県鶴岡市生まれ。山形県立鶴岡南高等学校卒。神戸市外国語大学外国語学部英米学科卒。山形県立山添高等学校勤務の後、現職。
執筆分担：第3章　Speak Out方式のカリキュラム
　　　　　第6章　Speak Out方式の効果

山科保子（やましな　やすこ）

山形県立鶴岡中央高等学校教諭。山形県最上郡鮭川村生まれ。山形県立新庄北高等学校卒。東京学芸大学教育学部中等教育教員養成課程英語専攻卒。同大学院教育学研究科英語教育専攻修了。
執筆分担：第4章　Speak Out方式の進め方
　　　　　第5章　Speak Out方式の評価法

●執筆協力：第2章　鶴岡中央高校の取り組み
織田孝一（おだ　こういち）

フリーライター

アルク選書シリーズ

高校英語教科書を2度使う！　山形スピークアウト方式

発行日　　　　　2012年10月25日（初版）

編著者	金谷 憲
執筆者	鈴木加奈子
	山科保子
編　集	高校教材編集部
執筆協力（第2章）	織田孝一
英文校正	Peter Branscombe
デザイン・DTP	朝日メディアインターナショナル株式会社
印刷・製本	萩原印刷株式会社
発行者	平本照麿
発行所	株式会社アルク
	〒168-8611　東京都杉並区永福2-54-12
	TEL 03-3327-1101　FAX 03-3327-1300
	Email：csss@alc.co.jp
	Website：http://www.alc.co.jp/

学校での一括採用に関するお問い合わせ
　　　　　koukou@alc.co.jp（アルクサポートセンター）

・落丁本、乱丁本は、弊社にてお取り替えいたしております。
　弊社カスタマーサービス部（電話：03-3327-1101 受付時間：平日9時〜17時）
　までご相談ください。
・本書の全部または一部の無断転載を禁じます。
・著作権法上で認められた場合を除いて、本書からのコピーを禁じます。
・定価はカバーに表示してあります。
©2012　Ken KANATANI／ALC Press Inc.
Printed in Japan
PC:7012071
ISBN：978-4-7574-2244-5

地球人ネットワークを創る

アルクのシンボル
「地球人マーク」です。